모로코

MOROCCO

질리안 요크 지음 · 정혜영 옮김

세계의 **풍습과 문화**가 궁금한
이들을 위한 **필수 안내서**

세계 문화
여행

모로코

MOROCCO

시그마북스
Sigma Books

세계 문화 여행 _ 모로코

발행일 2020년 6월 15일 초판 1쇄 발행
지은이 질리안 요크
옮긴이 정혜영
발행인 강학경
발행처 시그마북스
마케팅 정제용
에디터 장민정, 최윤정
디자인 김문배, 최희민

등록번호 제10-965호
주소 서울특별시 영등포구 양평로 22길 21 선유도코오롱디지털타워 A402호
전자우편 sigmabooks@spress.co.kr
홈페이지 http://www.sigmabooks.co.kr
전화 (02) 2062-5288~9
팩시밀리 (02) 323-4197
ISBN 979-11-90257-44-2 (04900)
   978-89-8445-911-3 (세트)

CULTURE SMART! MOROCCO

모로코전도

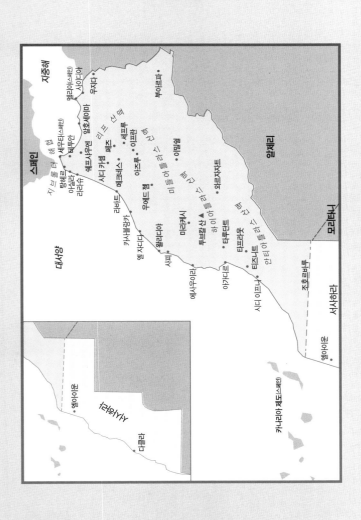

차 례

모로코는 뚜렷한 대조가 특징인 나라다. 2개의 대륙 길목에 있는 모로코는 장관을 이루는 풍경, 다채로운 역사, 호화스러운 기운과 숨이 멎는 듯한 명소들을 경험할 수 있는 곳이다. 농촌 지역은 고대 전통과 다양한 사람들이 있는 반면 계속해서 성장하는 도시 중심부는 최신 건축양식을 보고 현대적 입맛을 충족하는 다양한 활동을 할 수 있는 곳이다.

사람들로 붐비는 고대 메디나에서 명품 브랜드 청바지를 입고 휴대폰을 사용하는 젊은 남성들 사이로 전통 의상을 입은 여성들은 가사용품 쇼핑을 한다. 비옥한 농촌 지역에서는 진흙 벽돌 지붕 위에 자리 잡고 있는 위성 안테나들 만큼 염소를 타고 다니는 농부를 흔히 볼 수 있다. 모로코 문화를 한 문장으로 설명하긴 어렵다. 아랍, 아프리카, 유럽의 생활양식이 독특하게 섞여 있고 모로코는 이를 잘 유지해오고 있기 때문이다.

1956년 모로코가 44년간의 프랑스 식민 지배에서 벗어나 독립한 후, 나라는 갑자기 20세기를 맞이하게 되었다. 종교적 신념과 전통적인 생활방식은 과거 식민주의자들이 들여온 서구의 이상과 규범과 맞서야만 했고 모로코인들은 이에 적응해야만 했다. 다행히도 모로코인들은 굉장히 적응을 잘 했고 발전하면서도 전통적 가치를 지켜냈다.

모로코인들은 따뜻하고, 친절하며, 열린 마음을 가지고 있는데, 이를 경험해보지 못한 사람들은 그들을 받아들이는 데 큰 어려움을 겪게 된다. 이 책은 때로는 당황스럽지만 다양하고 매혹적인 모로코의 문화를 독자들이 이해할 수 있도록 설명하는 데서부터 시작한다. 역사적 개관을 통해 모로코의 과거가 현대의 가치와 태도를 형성하는 데 어떤 방식으로 도움이 되었는지 이해할 수 있다. 모로코의 관습과 전통, 현대의 복잡한 삶과 상황마다 예상되는 바와 적절한 행동에 대해 조언해준다. 사업차 여행하는 사람들을 위해 어떻게 업무를 처리할지와 주어진 기회를 어떻게 최대한 활용하는지에 대한 가이드도 제공한다.

모로코도 그들만의 문제를 가지고 있다. 예를 들면 서사하라 지역의 분쟁과 높은 실업률 등이 있다. 모로코인들은 그들의 왕만큼이나 신에게 충성한다. '신은 국가이자 왕이시다'라는 모로코의 국가 모토에서도 이를 알 수 있다. 그들은 가족에 대한 충성심도 강한데, 당신이 허락한다면 그들은 유연하고 존중하는 마음으로 당신을 받아들일 것이다.

공식 명칭	모로코 왕국	모로코는 유럽연합 준회원이다.
수도	라바트(수도권 인구 140만 명)	
주요 도시	카사블랑카(공식 인구는 380만 명이지만 인근 지역을 포함하면 500만 명에 육박한다)	소규모 도시: 페즈, 메크네스, 탕헤르, 마라케시, 우지다
인구	약 3,300만 명	
면적	44만 6,550㎢(대한민국의 약 4.4배)	
지형	북동에서 남서로 이어지는 아틀라스 산맥을 포함한 산지 지역, 서부의 비옥한 해안 지대	
기후	지역마다 다르며, 크게 4가지로 나뉜다. 사막(뜨겁고 강수량이 적다), 지중해(포근한 겨울과 온화한 여름), 미들아틀라스와 산맥(뜨겁고 건조한 여름과 추운 겨울), 하이아틀라스 산맥(춥고 눈이 많이 내리는 겨울, 뜨겁고 건조한 여름, 낮은 야간 기온이 특징이다)	
언어	아랍어는 마그레브 방언(데리자어)으로 구사되고 프랑스어는 여러 지역에서 구사된다. 표준 아랍어는 언론, 종교에서 사용되고 스페인어는 북부에서 사용된다. 2011년에 베르베르어(타마지트어)는 아랍어와 함께 공용어로 자리 잡았다.	
종교	모로코 인구의 98%는 수니파 이슬람교다.	다른 종교: 유대교
정부	입헌군주제. 의회가 집행권을 가진다.	국무총리와 장관은 왕과 의회가 임명한다.
통화	디르함	디르함 수출은 불법이다.
매체	2M과 TVM이 전국 규모의 국영 텔레비전 방송국이다. 현지 방송국이 몇 개 있고 위성 방송사가 여럿 있다. 프랑스어와 아랍어로 발행되는 전국 규모의 일간지도 있다.	모로코에서 영어로 발행되는 신문은 없지만 해외 신문과 잡지가 있다.

전압	220V, 50㎐. 일부 오래된 건물은 아직 110V를 사용한다.	유럽연합의 표준 플러그를 사용한다.
DVD/비디오	세캄 방식을 사용한다.	DVD는 유럽 지역 코드를 가지고 있지만 대부분은 복사본이기 때문에 어떤 지역 플레이어에서도 감상할 수 있다.
인터넷 도메인	.ma	
전화	국가번호 212	외국으로 전화를 걸 때는 00을 누르고 국가번호를 누른다.
시간	그리니치 표준시를 사용한다(한국보다 8시간 느림).	2013년부터 서머타임이 적용되고 있다.

01

영토와 국민

모로코는 알제리, 튀니지와 함께 북아프리카를 구성하는 3개국 중 하나다. 영토 크기는 대한민국의 약 4.4배로, 주로 농업에 의존한다. 전체 인구는 약 3,300만 명인데, 인구 100만 이상 도시는 2곳뿐이다. 지리적으로 모로코는 유럽과 아프리카를 잇는 길목에 있다. 지브롤터 해협을 건너 약 13km만 가면 스페인이고, 동쪽으로는 알제리와 접경하며, 남쪽으로는 분쟁 지역인 서사하라와 그 너머에 모리타니, 서쪽으로는 대서양이 펼쳐져 있다.

지리적 정보

모로코는 알제리, 튀니지와 함께 북아프리카 또는 마그레브(아랍어로 서방을 뜻한다)를 구성하는 3개국 중 하나다. 영토 크기는 대한민국의 약 4.4배로, 주로 농업에 의존한다. 전체 인구는 약 3,300만 명인데, 인구 100만 이상 도시는 2곳뿐이며 인구 100만에 가까운 도시도 3곳밖에 되지 않는다.

지리적으로 모로코는 유럽과 아프리카를 잇는 길목에 있다. 지브롤터 해협을 건너 약 13km만 가면 스페인이고, 동쪽

으로는 알제리와 접경하며, 남쪽으로는 분쟁 지역인 서사하라와 그 너머에 모리타니, 서쪽으로는 대서양이 펼쳐져 있다. 모로코는 해외 영토가 없지만, 해안 지역에 스페인령 고립 영토 세우타(아랍어로 세브타)와 멜리야가 있다.

지중해와 대서양을 품고 있으며 3,540km에 달하는 쭉 뻗은 해안선은 모로코의 자랑거리다. 4개의 산맥도 빼놓을 수 없다. 북쪽에는 바위투성이인 리프 산맥, 해안 지역과 사하라의 경계선이 되어버린 미들아틀라스와 하이아틀라스 산맥, 그

리고 안티아틀라스 산맥이 솟아 있다. 북아프리카에서 가장 높은 봉우리인 투브칼 산도 모로코에 있다.

모로코에는 다양한 지형이 발달해 있다. 그중에서도 모래로 뒤덮인 사막 지대, 돌이 많은 초원 지대 그리고 2,023km^{2}가 넘는 숲 지대에서는 향나무, 그리고 특히 아르간나무가 눈에 띈다. 아르간나무는 땅딸막하고 열매가 많이 열리는데, 모로코 토종이며 대부분 남쪽에서 자란다. 아르간오일은 요리뿐만 아니라 다방면에 사용되며, 생산 과정에 많은 시간이 소요되지만 여러 국가로 수출되어 큰 이익을 창출하고 있다.

기후

모로코는 쭉 뻗은 해안선과 여러 산맥의 영향으로 북아프리카 중에서도 가장 다양한 기후를 경험할 수 있는 곳이다. 여름은 덥고 건조하며 늦가을과 봄에는 비가 많이 온다. 겨울에는 항상 아즈루와 이프란을 둘러싼 미들아틀라스 지역에 눈이 내리고, 높은 산봉우리들도 새하얀 눈으로 뒤덮인다. 한겨울에도 마라케시는 따뜻하지만 하이아틀라스 산봉우리들이 흰 눈으로 덮이는 광경을 볼 수 있다. 이외에도 눈에 띄는 기후적 특징은 바람이다. 건조한 동남풍 세르귀와 차갑고 습한 서풍 가르비(아랍어로 서쪽을 뜻한다)가 있는데, 이 둘은 모로코의 강수량과 가뭄에 큰 영향을 준다.

기온 차이		
	최고 기온(6~8월)	최저 기온(12~2월)
남부 지역	38℃	5℃
미들아틀라스 지역	32℃	5℃
해안 지역	28℃	8℃
지중해 지역	28℃	9℃

도시

【카사블랑카】

카사블랑카는 모로코에서 가장 큰 도시로 약 380만 명이 거주하고 있다. 대부분의 건물이 프랑스 보호령 시절에 지어졌고, 도시의 규모 및 영향력에 비해 역사는 짧지만 모로코를 대표하는 관광 도시이자 경제 수도로 발돋움했다. 카사블랑카에는 규모가 작은 메디나(성벽으로 둘러싸인 도시를 뜻하며 대부분의 모로코 도시에서 쉽게 찾아볼 수 있다)가 있는데, 이곳이 과거에 지방 소도시였음을 보여준다. 잘 알려져 있듯이, 카사블랑카에서 가장 눈에 띄는 관광 명소는 하산 2세 사원이다. 1999년에 완공되었으며, 5억 달러가 넘는 공사 비용의 대부분을 국민 성금으로 마련했다. 사원의 미나렛(첨탑) 높이는 210m에 달하며 중앙난방식 바닥과 자동개폐식 지붕 등 최첨단 기술이 동원됐다.

【라바트】

외국인들은 대부분 카사블랑카와 라바트에 거주한다. 라바트는 카사블랑카처럼 현대적인 도시이며 현재 모로코 왕국의 수도다. 수도권 인구는 약 140만 명이다. 라바트의 현대적인 시내

는 프랑스 파리를 연상시키기도 하는데, 이는 파리에 야자나무가 자라고 1년 내내 햇볕이 내리쬔다고 했을 때의 이야기다. 도시 안에는 17세기에 조성된 메디나도 있다.

　라바트는 어쩌면 카사블랑카보다 더 세련된 도시다. 훌륭한 레스토랑, 미국과 유럽의 패스트푸드 체인점, 그리고 상류층이 주로 이용하는 유흥업소도 많다. 일부 영사관은 카사블랑카에 있지만 대다수 대사관은 라바트에 있다.

【마라케시】
모로코 왕국의 과거 식민 도시 중 하나인 마라케시는 지금까지도 눈부시게 아름답다. 도시 인구는 97만 명이다. 황토색 건물들과 중세의 모습이 담긴 명소들 때문에 마라케시는 특별한 관광 명소가 되었다. 시 당국의 규정에 따라 신축 건물도 황토색이어야 한다. 맥도날드도 예외는 아니다. 하지만 도시 자체가 꽤 현대적이고 시크하다. 매년 가을 영화제가 열려 모로코 및 할리우드 영화 제작자와 배우들이 이곳을 찾는다.

【페즈】

페즈는 과거 식민 도시 중 가장 오래되었으며, 모로코에서 오

랫동안 이슬람 문화 및 문화적 발전의 중심지로 여겨졌다. 도시 인구는 120만 명이다. 현존하는 중세 대도시 중 하나라는 점에서 오래된 메디나는 특별하다. 거리를 걷다 보면 오래된 관습과 완전히 현대적인 일을 나란히 접하게 될 것이다. 이를테면 노인을 따라가는 당나귀와 그 당나귀가 코카콜라 상자를 이고 가는 광경을 쉽게 볼 수 있다. 페즈 메디나 프로젝트(www.fesmedina.com)는 100만 명 이상의 시민들과 함께 지역 복구를 위해 고군분투 중이다. 유네스코는 페즈를 세계문화유산으로 지정했고 도시를 보존하기 위해 함께 노력하고 있다.

【메크네스】

페즈에서 서쪽으로 1시간만 가면 메크네스에 도착한다. 메크네스도 과거 식민 수도였던 도시다. 페즈와 메크네스는 지리적으로 가깝지만 밤과 낮처럼 서로 다르다. 페즈는 생명력이 넘치는 반면 메크네스는 느리고 차분하며 사람들이 친절하고 따뜻하다. 교외 지역을 포함한 메크네스의 총 인구가 100만에 가까운 것으로 알려져 있지만 외국인 거주자들을 찾기란 쉽지 않다. 메크네스는 메디나와 식민 도시 신시가지 빌 누벨로 나뉘는데, 이 신시가지는 슈퍼마켓 등 다양한 현대적인 편의시설

이 있는 곳으로 프랑스에 의해 지어졌다. 메크네스는 모로코의 중요 유적지로 손꼽히는 로마 제국의 유적지 볼루빌리스와 성지 순례지 물레이 근처에 있다. 도시는 광대한 농지로 둘러싸여 있는데, 올리브와 올리브유, 곡물과 와인용 포도가 많이 생산된다. 기름, 젤리 및 조리용 제품을 생산하는 대형 기업 아이샤의 본사는 레 셀리에르 드 메크네스 와이너리처럼 메크네스 밖에 있다.

【아가디르】

남부 도시 아가디르는 해변으로 유명하다. 도시 인구는 40만

명이다. 국내외 관광객에게 모두 인기 있는 이 도시는 1960년
강력한 지진 발생 후에 전반적으로 재건축되었다. 패키지 투어
로 이미 인기가 많은데, 라이언에어와 같은 유럽 저가 항공사
들이 저렴한 항공편을 내놓으면서 더 많은 사람이 찾는 관광
지가 되었다.

【 이프란 】

이프란은 대도시는 아니지만 알아카와인대학교(www.aui.ma)때
문에 외국인들의 관심을 한 몸에 받는 곳이다. 알아카와인대
학교는 1995년 모로코 국왕 하산 2세와 사우디아라비아 파드

왕이 설립한 일류 대학으로 주로 부유한 모로코 가정의 아이들을 상대로 한다. 수업은 영어로 진행되며 미국 교육제도로 운영된다. 다양한 학문을 접할 수 있고, 학교에는 외국인 직원과 교환학생들도 많다. 여름에는 도시에 머무는 학생들을 위한 아랍어 집중 프로그램도 제공된다.

역사적 개관

모로코는 1956년이 돼서야 독립국이 되었지만, 그 역사는 모로코인들만큼 풍부하고 복잡하다. 모로코는 여러 시대에 걸쳐 그리고 지리적 위치 덕분에 다양한 문화의 영향을 받았고, 이는 결국 모로코의 다양성에도 기여했다. 다음은 모로코의 흥미로운 역사의 단편일 뿐이지만 이를 통해 현재 모로코를 탄생시킨 고대 문명을 엿볼 수 있다.

【 모로코 원주민 】

모로코 원주민은 현재 베르베르족 또는 이마지겐이라고 알려져 있는 사람들이다. 기원전 1만 년경 서남아시아 혹은 중앙아시아에서 왔을 것이라고 추측되지만 그들의 출신에 대해서는 알려진 바가 거의 없다. 그들은 여러 시대를 걸쳐 북아프리카로 건너와 이집트에서 시작하는 지중해 연안에서 대서양에 달하는 지역에 거주한 것으로 예상된다. 오늘날 베르베르족의 외모는 매우 다양한데, 이는 몇천 년에 걸쳐 다른 인종 집단과 섞였기 때문이다.

'베르베르'는 북아프리카에 거주하는 사람들을 뜻하는 고대 아랍어다. 아마도 그리스어 바바리아에서 유래되어 '혼란스럽게 횡설수설하는 사람들'을 뜻하는 바바라에서 시작됐을 것이다. 베르베르족은 부족을 이뤄 살았고 지금도 어느 정도 그렇다. 그들은 전통적으로 부족 단위로 모여서 산지 지역에서 목가적 생활을 하거나 사막에서 유목생활을 해왔다. 고대 베르베르족 사회는 지중해 대제국들이 부상하기 전까지 씨족 및 부족을 중심으로 상대적으로 고립되어 있었다.

【 페니키아인, 그리스인, 로마인 】

제1천년기 동안 페니키아 상인들은 북아프리카 해안 전역으로 진출하여 카르타고(오늘날 튀니스)에 수도를 세웠다. 그들은 틴지스(탕헤르), 모가도르(에사우이라), 타무다(테투안), 릭수스(라라슈)에 정착했다. 얼마 지나지 않아 그리스인들도 북아프리카 여러 지역에 정착하게 되었다. 기원전 3세기경 로마 제국에 맞선 포에니 전쟁 후에야 마침내 카르타고를 패배시킬 수 있었다.

제1차 포에니 전쟁(기원전 264년~기원전 241년) 때는 카르타고를 성공적으로 지켜냈지만, 제2차 포에니 전쟁(기원전 218년~기원전 201년) 때는 로마인들이 카르타고 현지 지도자들을 지배하고 새로운 정착지들을 건설했다. 제3차 포에니 전쟁(기원전 149년~기원전 146년) 중 카르타고는 멸망했고 로마 제국의 영토로 복속됐다. 오늘날 메크네스 외곽에 위치한 볼루빌리스는 로마 제국의 중요한 전초 기지가 되었다. 모로코에서 로마 제국의 유

적이 가장 잘 보존된 곳이며 1997년에 유네스코 세계문화유산으로 지정되었다.

이런 정복 활동 내내 다른 부족들은 갈 엄두도 내지 못했던 산지 지역에 모여 살던 다수의 베르베르족은 그들이 몇백 년 동안 살아온 방식을 유지해나갔다. 이들

과 긴밀한 관계를 맺은 상인들은 상호 이익을 주는 동맹을 형성했다.

기원전 5세기 말경 로마 제국이 쇠퇴함에 따라 비잔틴족과 반달족 모두 권력 공백을 메우려 애를 썼지만 실패했다. 얼마 가진 못 했지만 베르베르족은 영토 회복에 성공하기도 했다.

【 아랍의 정복과 이슬람화 】

서기 632년 예언자 무함마드가 서거하자 이슬람교는 서쪽으로 세력을 확장하기 시작했고 그 세기 말 아랍 군대는 모로코를 정복하기 위해 침입했다. 다수의 베르베르족은 아랍 군대가 제공하는 안전 보장을 기꺼이 받아들였고 그들의 독자적인 문화적 전통에 맞춘 이슬람교로 개종했다. 아랍 군대는 그들의 선대와는 달리 모로코에 남아 무역관계를 확대하고 사하라를 가로지르는 육로 카라반 루트를 개척했다. 그들은 이슬람교를 포용할 의지가 있는 베르베르족을 군대 그리고 정치계에 들어올 수 있도록 허락했다. 베르베르족이 개종한 이유가 종교적인 것만은 아니었던 것이다.

마그레브 지역은 원칙적으로 바그다드 칼리프의 지배를 받아야 했다. 하지만 베르베르족들과 아랍인들 모두 이슬람교를 현지 상황에 맞게 조정하는 쪽을 선택했고 몇백 년 동안 독립적 지위를 유지했다. 그 후로 모로코가 동양의 통치를 받는 일은 없었다. 심지어 오스만 제국의 통치를 받은 적도 없다.

【 모로코 왕조 】

위대한 아랍 역사학자이자 철학자인 이븐 할둔(1332~1406년)은 모로코 왕조의 역사를 기반으로 왕조의 흥망성쇠 주기 모델을 만들었다. 그는 도시와 시골 지역 간 갈등이 연속적으로 발생한다는 사실을 발견했고 베르베르족 왕국도 이와 유사한 패턴으로 흥망성쇠 하는 경향이 있음을 보여줬다. 지방 베르베르족들은 주기적으로 정착지에서의 편안한 삶을 찾아 도시들을 정복했다. 격렬한 1세대 통치자들은 검소한 생활방식을 유지했고, 2세대는 도시 문화에 적응했고, 3세대는 자신의 선조들과 달리 내분에 굴복했다. 4세대이자 마지막 세대는 제국의 세력을 확장하기 위해 부를 축적해야 한다고 생각했지만 이는 오래 지속되기에 너무 급속도로 진행되었다. 그들의 멸망은 권력 공백을 남겼고, 이는 지방에 근거한 다른 왕조가 메우게 되었다.

이드리스 왕조(789~985년)

모로코 최초의 왕조는 이드리스 1세가 세웠다. 메카 출신의 시아파 정치적 망명자인 이드리스 1세는 8세기 고대 로마 제국의 도시 볼루빌리스 외곽에 정착했다. 북부 베르베르족 중 아우라바족은 물레이 이드리스 지역에서 뜻을 같이 하는 자를 찾았고 그를 종교적 지도자 이맘으로 들였다. 얼마 지나지 않아 이드리스 왕조는 모로코 북부를 지배하게 되었다. 이드리스 1세가 적에게 암살당한 후, 그의 아들이 11세 나이로 이맘의 자리를 물려받았다. 이드리스 2세는 훌륭한 수도 페즈를 세워 최초의 모로코 정부를 수립했다. 이드리스 왕조는 10세기에 베르베르족에게 타도당했고 모로코 정부는 다시 작은 부족으로 쪼개졌다.

알모라비드 왕조(1073~1146년)

이러한 무정부 상태는 11세기 알모라비드가 권력을 잡은 후 막을 내렸다. 사하라 출신의 세 베르베르 부족은 함께 모로코, 알제리 일부, 스페인을 아우르는 제국을 세우기 위해 북부로 떠나기 전 마라케시를 수도로 지정했다. 알모라비드 왕조는 이슬람교의 근본주의를 신봉했다. '알모라비드'는 아랍어로 '베일을 쓴 자들'을 뜻하는데 얼굴을 베일로 덮는 관습에서 유래한 것이다.

알모하드 왕조(1147~1269년)

이븐 할둔의 모델대로 알모라비드는 얼마 지나지 않아 멸망했고 베르베르 왕조 내 종파적 경쟁 상대인 시아파 알모하드족

에 의해 계승되었다. 새로운 왕조도 마라케시를 수도로 유지했다. 그들은 유명한 쿠투비아 사원을 세웠고 제국의 세력을 동쪽으로 확장했지만 그들의 신앙심은 곧 시들해졌다. 부패가 다시 제국을 장악했고, 왕조가 기울고 후에 스페인 영토 대부분도 잃게 되었다.

메레니드 왕조(1269~1465년)

알모하드 왕조를 계승한 메레니드 왕조는 유랑생활을 하던 자

나타 지역의 베르베르족들로 1269년 마라케시를 점령했다. 메레니드 왕조는 이전 왕조들만큼의 성과를 내진 못했지만 200년 동안 모로코 전 지역을 지배했다.

사디안 왕조(1554~1629년)

16세기 모로코 제국은 페즈와 마라케시에 근거한 2개의 왕국으로 나뉘었다. 1492년 마지막으로 남은 이슬람교도들이 이베리아 반도에서 추방당했고, 15세기에 스페인과 포르투갈이 모로코의 항구들을 장악하여 점령했다. 종교 지도자들이 기독교의 위협에 대한 저항 운동을 이끌었는데, 그중 1명이 1554년 사디안 왕조를 세웠다. 사디안족은 이슬람 예언자의 후손들인 샤리프였다. 전승자라고 알려진 아메드 알 만수르가 모로코를 통합했고, 1578년 술탄이었던 3명의 왕과 벌인 전투에서 포르투갈 왕 세바스티앙 1세를 결정적으로

패배시켰다. 그는 오스만 제국의 침입을 격퇴하고, 수단을 정복하고, 마라케시를 수도로 지정하고 도시를 대리석으로 장식했다.

알라위 왕조(1666년~현재)

1603년 술탄 알 만수르의 죽음 이후 승계권을 두고 긴 투쟁이 시작됐다. 알라위족이 그다음으로 왕위를 계승할 차례였는데, 그들도 샤리프였고 물레이 라시드가 최초의 지도자가 됐다. 그의 죽음 이후 이복형제 물레이 이스마일의 통치가 시작되었

MULEY ISMAEL
Kaïser von MAROCCO König von
TAFILET, FETZ, SUZ, und TARADUNT
LXXXII Jahr alt.

는데, 이는 1672년부터 1727년까지 오래도록 계속되었고, 모로코의 새날이 밝았음을 시사했다. 이스마일은 잔혹했지만 훌륭한 지도자였다. 1672년 그는 수도 메크네스를 중심으로 한 모로코의 권력을 되찾았고 왕조 순환기 구조를 깨고 유럽이 장악

하고 있던 요새들을 점령하여 안전한 왕국을 수립했다. 그때 이후로 메크네스는 모로코의 베르사유라고 불렸으며 알라위 왕조는 오늘날까지 이어지고 있다.

【 무어인 】

유럽이 암흑 시대에 접어드는 동안 아랍 문명은 번성하고 있었다. 8세기 타리크 이븐 지야드 장군이 이끈 베르베르-아랍 연합군은 지브롤터 해협을 건너 스페인으로 들어왔다. 그들은 안달루시아 및 다른 지역에서 복잡한 다인종 사회를 이루었다. 아랍 학자들은 그리스 고전 문학 작품들의 아랍 번역본과 독자적인 과학 지식을 들여와 문화적 및 지적 상호 교류를 시작했다. 그들은 929년 코르도바에 바그다드에서 독립된 칼리프를 세웠다. 11세기 알모라비드는 기독교의 공격으로부터 도시를 지키던 모로코의 지원 요청을 받아 이동했고, 그곳에 남아 이슬람교를 개혁했다. 12세기에는 알모하드가 들어와 1212년 톨레도 전투에서 카스티야 정복자들이 쫓아내기 전까지 그곳에 남아 있었다. 스페인의 기독교화는 1492년 마지막 독립 이슬람 왕국 그라나다가 멸망하기까지 몇백 년 동안 계속되었다.

이슬람교도와 세파르디 유태인 모두 모로코에 망명을 요청하여 받아들여졌고 그곳에서 기술 및 재능도 인정받았다. 다수는 살레 및 라바트에 다시 정착했다.

【 유럽의 전진 】

15세기 대부분의 모로코 항구는 스페인과 포르투갈에 의해 함락되었다. 19세기 모로코는 전략적 중요성 및 경제적 잠재력으로 인해 유럽 제국 열강들의 관심을 한 몸에 받았고, 이로 인해 주권은 더욱 약화되었다. 1854년 프랑스에 맞선 알제리를 지원한 술탄 압둘 라흐만은 이슬리 전투에서 패배했다. 이후 1856년 영국의 압박으로 유럽과의 무역에 문을 열었다. 1860년

에는 스페인이 침입했고 모로코는 서남부 이프니 지역을 넘겨줘야만 했다. 1880년 마드리드 회의에서 주요 유럽 열강들과 미국은 영토 보존 및 모두에게 동등한 무역 기회를 보장하는 데 동의했다.

하지만 얼마 지나지 않아 제국주의적 야망으로 인해 이 합의는 의미를 잃게 되었다. 스페인 그리고 독일이 합세해 모로코를 탐욕의 눈으로 바라보았다. 모로코의 이웃 나라 알제리를 식민지로 만든 프랑스는 모로코도 자신의 것으로 만들 의도를 가지고 있었다. 독일과 프랑스의 경쟁은 심각한 국제적 문제로 번져 1906년 알헤시라스 회의에서 마드리드 회의의 원칙들을 재확인하는 계기가 되었다. 1911년 모로코에 개입하려던 프랑스와 그에 반대하던 독일의 싸움은 중앙아프리카 영토 보상을 통해 해결되었다. 마침내 1912년 3월 30일 술탄 압둘 하피드는 할 수 없이 페즈 조약에 서명했고, 결국 모로코의 90%가 통감 료테의 지배 아래 프랑스령이 되었다. 라바트는 모로코의 수도로, 술탄은 명목상 최고통치자로 지정되었지만, 실제 권력은 프랑스 파리에서 왔다.

나머지 영토는 스페인의 통치를 받았다. 스페인 보호령은 테투안을 수도로 북부 해안 지역과 스페인령 사하

라의 일부 남부 보호령을 포함한다. 탕헤르항은 분리되어 국제적 중립 구역이 되었다.

【보호령】

프랑스는 새로 획득한 영토를 개발하기 시작했고 10만 명 이상의 프랑스인들이 모로코에 들어와 정착했다. 통감 료테는 사회기반시설을 현대화했다. 전기가 공급되고 도로와 기찻길이 깔렸으며 카사블랑카는 주요 상업항이 되었다. 흥미롭게도 식민지 개척자들이 기독교를 강요하지는 않았다. 그들 자신을 위한 교회와 빌 누벨이라는 그들만의 도시를 세우긴 했지만, 메

디나에는 들어가지 않았고 그 누구도 사원들을 건드리지 않았다.

유럽의 지배는 리프 전쟁을 선동한 아브드 엘크림이 이끈 베르베르족의 반란에 의해 위협을 받기도 했다. 아브드 엘크림은 아누알에서 스페인 부대를 패배시킨 후 1921년 리프공화국을 선포했고 프랑스가 개입하기 전까지 저항했다. 반란은 결국 마샬 페탱과 프란시스코 프랑코가 이끈 프랑스-스페인 연합군에 의해 1926년에 제압되었다. 1934년에는 모로코 독립운동가들이 정치적 활동을 시작했다.

【독립】

프랑스 식민 지배는 불과 44년 만에 막을 내렸다. 제2차 세계대전 중 프랑스가 몰락하자 모로코는 공식적으로 프랑스 비시 정부에 충성을 다했고, 1942년 연합군이 착륙한 후에야 저항 운동이 멈추게 되었다. 그다음 해 연합군 지도자들은 카사블랑카에 모였다. 당시 자유 프랑스 공군 수장 샤를 드골이 프랑스 지배가 계속되도록 정치적 영향력을 행사했지만, 모로코 이스티크랄당은 독립을 요구하는 성명을 냈다. 이스티크랄당은 프랑스 현대화 및 교육제도 개혁의 산물인 뛰어난 도시 전

문가들과 학생들로 구성되었다.

1945년 모로코는 전쟁으로 인한 기근을 겪게 되는데, 시골에 살던 전체 인구의 95%가 이 굶주린 시기 동안 식량과 일거리를 찾기 위해 강제로 도시로 이동해야 했다. 1948년 의회가 소집되었다. 프랑스는 1952년 이스티크랄당을 추방했지만 페즈 시민들은 시위에 나섰다. 카사블랑카 중앙시장에서 터진 폭탄은 사상자 17명 및 부상자 수십 명을 발생시켰고, 이는 사태를 악화시켰다. 프랑스는 수천 명을 체포했고 이스티크랄당에 대한 술탄 무함마드 5세의 지지가 높아지자 그를 폐위시키고 1953년 마다가스카르로 망명시켰다.

프랑스는 그 행동이 어떤 결과를 불러올지 생각하지 못했다. 술탄 무함마드 5세의 망명 조치는 모로코 대중의 심한 반대에 부딪혔다. 1953년부터 1955년까지 반프랑스 시위가 늘어났고 식민주의자들에 대한 무작위적인 폭력이 흔히 발생했다. 1955년 한 베르베르족이 우에드 젬 마을의 프랑스 주민들을 모두 학살하는 일이 벌어져 갈등이 최고조에 이르렀다. 결국 모로코는 독립을 인정받았다. 프랑스 및 스페인 군대는 1956년 항복했고 국제적 협약에 따라 탕헤르 지역도 모로코에 넘겨졌다. 스페인은 1958년 북부 보호령을 내줬다. 무함마드 5세는 1956년 망명지에서 돌아왔고 다음 해 왕의 자리에 앉게 되었다.

【 하산 2세 】

하산 2세는 1961년 아버지가 세상을 떠나자 왕위에 올랐고 40여 년간 나라를 다스렸다. 그는 시작부터 모로코를 입헌군

주제로 전환하고 의회를 설립하는 등 새로운 일들을 해나갔다. 민주주의를 향한 문을 열기는 했지만 그는 절대적인 권력을 유지했고 여러 차례 의회를 해산하여 칙령으로 통치했다.

하산 2세는 통치 기간 동안 특히 이슬람교도 및 독립주의자의 심각한 반대에 부딪혔다. 두 번의 암살 시도가 있었고, 그중 한 번은 그가 신임했던 우프키르 장군에 의한 것이었다. 우프키르의 암살 시도는 그의 딸 말리카의 책에 상세히 기록되어 있다. 말리카는 아버지의 범죄로 인해 가족과 20년 동안 사막 감옥에 갇혀있어야 했다.

국내 여러 갈등에도 불구하고, 하산 2세의 외교적 성과는 훌륭했다. 그는 1969년 스페인령 이프니 지역을 되찾았다. 그리고 아랍-이스라엘 분쟁을 평화적으로 해결하자고 강력히 주장했으며, 1차 걸프 전쟁 당시 사담 후세인에 맞선 유엔에 대한 지지를 표명했다. 1975년에는 분쟁 지역을 되찾기 위해 비무장 민간인 35만 명을 동원해 그 유명한 녹색 행진을 이끌었는데, 이는 약간의 문제가 있긴 했지만 성공적이었다. 스페인이 1976년 항복하고 분쟁 지역을 모로코 및 모리타니에 양도하여 빠른 속도로 영토 반환이 이루어졌기 때문이다. 모로코는 전 세계적으로 서사하라라고 알려진 그 지역을 점령하기 위해 이동했다.

근대

1999년 하산 2세가 세상을 떠나자, 그의 아들 무함마드 6세가 35세의 나이로 왕위에 올랐다. 그는 왕이 된 후 첫 연설에서 재소자 5만 명의 사면을 약속했다. 또한 '살인자 바스리'라고 알려진 악명 높은 보안 부대장을 해고했다.

무함마드 6세는 자신이 진보적인 군주임을 보여줬다. 2002년

컴퓨터 엔지니어 살마 베나니와의 결혼을 시작으로 여성 인권 지지를 표명해왔다. 2004년 무함마드 6세 정부는 가족법(아랍어로 무다와나)을 크게 개정하여 결혼, 이혼, 자녀양육권에 있어서 여성의 인권을 보장하도록 했다. 이러한 법이 이슬람 율법(아랍어로 샤리아)과 모순되는지에 대한 논란으로 인해 근본주의라는 또 다른 파장이 일어나기도 했다.

모로코는 전 세계적으로 유명한 관광지이지만, 이국적인 매력을 찾아 방문하는 많은 해외 관광객들은 모로코의 근대적 현실을 보지 않으려는 경향이 있다. 하지만 근대 모로코 문화는 고대의 전통과 공존하며 빠른 속도로 발전하고 있다. 30세 이하 인구가 전체의 60% 이상이며 출산율이 2.13%인 것을 고려하면 모로코는 성장하는 신진국가다. 의학 기술의 발달 덕분에 지난 수십 년 동안 수명 연장이 가능해졌고 신생아 사망률이 크게 줄었다. 교육제도가 개선되고 외국어 교육 보급도 확산되고 있다. 카사블랑카 및 라바트에는 최신 경철도가 들어와 교통 체증이 줄고 직장인들의 출퇴근이 더 용이해졌다. 또한 대부분의 사람이 휴대폰을 사용한다.

2000년대 초기 20%에 육박했던 모로코의 실업률은 현재 9.8%이고 동일한 기간 동안 문맹률은 50%에서 30%를 조금 넘는 정도로 감소했다. 모로코의 경제는 카사블랑카 및 탕혜르 같은 도시에서의 서비스 분야가 성장한 덕분에 최근 큰 상승폭을 보이고 있다. 세계경제포럼은 아프리카 경쟁력 보고서(2014~2015년)에서 모로코를 북아프리카 내 가장 경쟁력 있는 국가라고 평가했다.

이와 같은 발전 과정을 거쳤음에도 모로코의 청년 실업률은 여전히 높고 지난 10년 동안 모로코 국민들은 일부 자유를 박탈당했다. 처음에는 인터넷이 모로코 내 언론의 자유가 보장되는 새로운 시대를 열어줄 것이라고 했지만 정부는 온라인 및 오프라인 발행물 모두 엄중하게 단속해왔다. 그럼에도 불구하고 인터넷 연결망이 확산되어 2016년 인구의 60% 이상이 인터넷을 사용한 것으로 나타났다.

유대인의 유산

유대인은 모로코 역사에서 중요한 부분을 차지한다. 널리 알려진 바에 따르면 그들은 페니키아 상인들과 함께 처음 모로코에 들어왔다. 모로코 유대인의 역사는 상당히 복잡하지만 그들은 오랫동안 비교적 평화롭게 살았다. 그들은 유럽의 초기 게토와 비슷한 멜라에 격리되어 살았지만 20세기까지 별다른 문제없이 살았다.

  1948년 모로코의 유대인 인구는 약 26만 5,000명에 이르렀지만 오늘날에는 1만 명도 채 남지 않았다. 수백 년 동안 평화롭게 공존하며 살아왔지만, 1948년 팔레스타인에서 발생한 사건들에 대응하여 우지다 및 제라다 지역에서 유혈 폭동들이 일어났다. 이 과정에서 유대인 44명이 사망했고 다수가 부상을 입었다. 유대인들은 이주하기 시작했고 대다수는 새로 세워진 이스라엘 정부로 이동했다. 1956년에 모로코가 독립국이 되자 이주는 공식적으로 중단되었다가 1963년에 재개되어 10만 명이 넘는 모로코 유대인들이 동쪽으로 향했다. 50년이 채 되지 않는 시간 동안 20만 명이 넘는 모로코 유대인들이 그들의 고향을 떠났다.

하산 2세는 1999년에 마라케시에서 모로코 유대인 세계 연맹의 첫 회의를 개최하여 유대인의 법적 신분을 보호했다. 그는 평화적 해결책을 통해 아랍-이스라엘 분쟁을 해결하는 데 지지를 표명했다. 그 결과 모로코와 이스라엘의 관계가 강화되었고 이스라엘 시민권을 가진 모로코 유대인 이주자들도 자유롭게 모로코에 드나들 수 있게 되었다.

오늘날 모로코에 사는 유대인은 몇천 명에 불과하지만, 그들은 비교적 평화롭게 성공을 누리고 있다. 그들은 대부분 카사블랑카에 거주하며 다른 주민들과 조화를 이루며 살고 있다. 또한 정부 및 사업에서 중요한 자리를 차지하고 있다. 카사블랑카에 위치한 유대인 공동체 위원회는 유대인 조직 중 가장 큰 규모를 자랑하며 대내외 사안, 유산 그리고 유대인 건물의 유지보수와 관련한 업무를 맡고 있다.

언어와 문화

모로코의 언어사는 오늘날 계급제도를 형성하는 데 중요한 역할을 한다. 뒤에서 다시 나올 내용인데, 모로코의 공용어는 아랍어이지만, 이와 함께 프랑스어도 사용된다. 모로코에서 사용하는 아랍어를 데리자어라고 하는데, 이는 현대 표준 아랍어 방언 중 하나다. 데리자어는 대중의 언어이며, 일상적인 거래, 대부분의 가정에서 사용된다. 반면에 프랑스어는 무역, 경제에서 사용되며 부르주아 계층의 언어다. 현대 표준 아랍어는 학교와 관공서에서 사용되는데, 관공서에서 대외 문제나 발행물에는 프랑스어가 사용된다. 프랑스어와 아랍어 둘 다 언론에서 사용된다. 카사블랑카 및 라바트 출신 가구 중 집에서 프랑스어를 사용하는 경우가 있는데, 다른 지역에서는 보기 힘든 점이다.

마지막으로 고대 이집트 말처럼 아프리카아시아어족 중 하나인 베르베르어는 베르베르족 가구와 지방의 부족 공동체에 제한되어 사용된다. 그렇기 때문에 거리에서 베르베르어를 듣는 일은 드물 것이다. 모로코 인구의 대다수가 베르베르족 혈통이고 심지어 왕의 몸에도 베르베르족의 피가 흐르지만 그 문화와 언어에 낙인이 찍혀있고 빠르게 역사 속으로 사라지고 있는 베르베르어를 보존하기 위한 공식 프로그램들이 시행된 지도 얼마 되지 않았다. 아즈루에서 시행되고 있는 한 프로그램은 베르베르어 중 미들아틀라스 지역 도처에서 사용되는 아마지그 방언을 보존하기 위해 노력하고 있다.

이러한 언어적 차이 때문에 계층 간 구분이 형성되었다. 프랑스어를 사용하는 사람들은 교양 있는 사람이라고 불리는 반면 식민주의자들의 언어를 사용한다고 무시당하기도 한다. 현대 표준 아랍어는 매우 존경받는 반면 중동보다 유럽과 사업 관계를 더 많이 맺고 있는 나라에서 일상 언어로 사용되기엔 실용적이지 못하다. 또한 표준 아랍어가 공용어지만 순수한 형태로 사용되는 경우는 거의 없다. 데리자어는 모로코인들에게 가장 유용하고 실용적인 언어이며 이 언어를 배우는 외국인들은 혜택을 누릴 것이다.

영어는 많은 모로코인들에게 제3, 4의 외국어로 자리 잡아가고 있다. 대부분의 고등학교에서 영어를 가르치며 점점 더 많은 학생들이 대학 수준의 교육을 받기 때문에 영어를 심층적으로 공부할 수 있는 기회가 늘고 있다. 또한 모든 주요 도시에 아메리칸 랭귀지 센터가 있고 카사블랑카와 라바트에는 영어 교육 프로그램을 제공하는 여러 학교들이 있다. 어떤 언어를 사용하고 배우는지와 상관없이, 모로코인들이 아랍어와 프랑스어 심지어 영어를 혼용하는 모습에 당황스러울 것이다. 데리자어는 프랑스의 영향을 받은 단어들이 많고, 최근에는 힙합 문화나 위성 텔레비전 프로그램이 전국적으로 확산되면서 영어 단어도 확산되고 있다.

정치

1957년에 술탄 무함마드 5세는 왕이라는 직함을 선택했고, 하산 2세와 현재 왕인 무함마드 6세 두 지도자도 그를 따랐다. 모로코는 공식적으로 입헌군주국이다. 하지만 필요 시 정부보다 우선시되는 왕의 절대적인 법적 권위와 힘이 유지될 수 있다. 왕은 국가의 수장이자 종교적 지도자다. 또한 정부의 수장인 총리와 내각을 지명한다.

1992년 의회의 영향력을 확대하기 위해 헌법이 개정됐다. 1996년에 양원제 국회가 승인되었다. 상원의원 270명은 지방의회, 전문 기관 및 노동 연합체의 간선제를 통해 선정했고 임기는 9년이다. 하원의원 325명은 일반 투표로 선출되며 임기는 5년이다(이 중 295명은 중선거구제도를 통해 선출하고 나머지 30명은 여성당 출신이다). 왕은 칙령에 따라 의회를 해산할 수 있다.

헌법은 다당제를 보장한다. 다당제는 1개의 당이 절대적인 지배권을 가질 수 없다고 보장한다. 헌법은 또한 18세 이상 모든 남녀에게 투표권을 보장한다. 의회는 형법, 민법, 상법을 제정하며 왕의 칙령을 승인하는 역할을 한다.

법 체제는 이슬람법, 프랑스와 스페인 민법에 기반하고 있다. 최고법원은 대법원이다. 판사들은 사법부 최고위원회의 추천에 따라 임명되고 군주제의 관할 아래에 있다.

주요 정당	
인민사회주의연합	사회민주주의
이스티크랄 독립당	이슬람교 국수주의
정의개발당	이슬람교
독립국민연합	왕정주의
인민운동	중도(지방)

【 행정 】

모로코는 16개의 윌라야 지역으로 나눠진다. 사하라주에 있는 엘아이운과 다클라를 포함해서다. 이러한 지역들은 왈리 또는 주지사에 의해 통치된다. 왈리는 왕을 대표하는데, 지역 예산을 책임지고 유사시 군대와 지역 경찰을 소환할 수 있다. 16개 지역 외에도 21개의 지방행정구역, 33개의 주가 있고 대부분 주지사들이 있다.

서사하라

분쟁 지역인 서사하라는 세계에서 인구 밀도가 가장 낮은 지역 중 하나로 주로 사막 평지로 이루어져 있다. 스페인이 1976년 지배를 포기하자 모로코와 모리타니는 영토를 나눠 가졌다. 하지만 국내 독립운동의 일환이었던 폴리사리오 인민해방전선이 알제리와 후에 리비아 영토의 기지에서 게릴라전을 벌이려고 했다. 1979년 모리타니는 항복했고 모로코는 서사하라 지역 영토를 합병했다. 그 이후로 사하라주를 지배하기 위해 폴리사리오와 다퉈왔고 국경을 따라 모래와 돌로 벽을 지어 영토를 보호해왔다.

1980년대에 리비아와 알제리는 폴리사리오에 대한 지지를 줄였고, 1988년에 모로코와 폴리사리오는 강화 협상에 들어가게 되었다. 1991년 양측은 유엔이 지원하는 휴전 그리고 사라위족이 실제로 독립을 원하는지에 대해 최종적으로 결정할 국민 투표 결과에 따르기로 합의했다. 국민 투표는 수차례 연기되었고 아직 실시되지 않았다.

비록 오늘날 서사하라 지역이 44개국으로부터 독립국가(사하라위 아랍 민주공화국)로 인정받고 있으며 아프리카연합 회원국 중 하나지만 국가는 계속해서 모로코가 운영하고 있다.

서구와의 관계

모로코는 1777년에 미국을 독립국가로 인정한 첫 나라로 그 이후로 미국과 긴밀한 관계를 유지해왔다. 무함마드 6세는 테러와의 전쟁을 지지하는데, 이슬람교도 왕으로서는 꽤 논란이 되는 부분이다. 유럽과의 관계에서 모로코는 유럽연합의 준회원이며 이전 식민주의자들과도 긴밀한 관계를 유지하고 있다. 이슬람교 국가 중에서 서양과 가장 관계가 좋은 나라일 것이다.

아랍의 봄 시위

2011년을 시작으로 모로코에서는 정치적 개혁과 군주의 권력을 제한할 새로운 헌법을 요구하는 여러 시위가 일어났다. 다른 나라의 혁명과 2월 20일 학생 주도 운동에 영감을 받아 시위자들은 라바트와 다른 주요 도시 거리로 나가 경제 기회

확대, 교육제도 개혁, 건강관리제도, 생활비 보조금을 요구했다. 내무부는 2011년 2월 20일 전국적으로 시위 참가자가 3만 7,000명에 달할 것으로 추측했다.

시위는 몇 개월 동안 지속되었다. 라바트 시위 참가자들은 일관적이고 비폭력적이었지만 소규모 도시 라라슈 같은 곳에서는 폭동과 약탈이 발생했다. 5월이 되자 경찰은 때로는 물리적 힘을 사용해 시위를 해산하기 시작했다.

왕은 시위에 재빠르게 대응했다. 우선 3월에 여러 헌법 개정안을 발표했고, 이어서 4월에 사라위족 반대 운동가를 포함한 190명의 정치범들을 사면하거나 감형해줬다. 6월에도 여러 헌법 개정안을 발표했는데, 이는 2011년 7월 국민투표에서 압도적 승리로 의안이 통과되었다. 개정안은 총리와 의회에 더욱 막강한 권한을 안겨준 동시에 타마지트어(베르베르어 방언 3개 중 하나)를 공용어로 지정했다. 헌법 조항에 의하면 왕이 모로코에서 종교적 권위가 가장 높다는 사실을 확인할 수 있다. 시위는 2012년까지 계속되었지만 여세를 회복하지는 못했다.

02

가치관과
사고방식

모로코는 아프리카와 유럽 사이에 있기 때문에 문화적으로도 둘 사이에 끼어 있는 불행한 특권을 가지고 있다. 서양의 새로운 문화를 접할 수 있는 동시에 전통에 뿌리를 박고 있다. 모로코인들의 이상은 넓은 범위로 나타나는데 서양 것이라면 피하고 보는 독실한 이슬람교인이 있는가 하면 명품 브랜드를 입고 다니는 도시 유행의 선도자도 있다. 대다수는 그 중간 어딘가에 위치한다.

모로코는 상반된 가치관과 변화하는 사고방식을 가진 국가다. 바글바글한 대도시들은 세련된 분위기에 삶의 기쁨이 있는 반면 농촌 지역의 생활방식은 수백 년 동안 거의 변하지 않았다. 도시는 서양 문화로 물들어 있지만, 전통과 종교가 대부분의 사람들의 일상생활에서 중요한 부분을 차지하고 있다.

이슬람 생활양식

모로코는 이슬람 국가다. 1%가 채 되지 않는 유대인들을 제외한 모든 모로코인이 이슬람교라는 의미다. 그렇지만 무조건 이슬람교를 믿어야 하는 것은 아니다. 대다수의 모로코인이 신앙생활을 하지만 국가가 전적으로 샤리아 혹은 이슬람법에 의해 통치되는 것은 아니다. 더 나아가 최근 무함마드 6세는 모로코를 현대화하는 노력의 일환으로 무다와나(가족법) 등 법을 크게 개정했다.

하지만 모로코에서 어디를 가든 이슬람교의 흔적을 느끼게 된다. 페즈에 700개가 넘는 사원이 있다는 것은 이 나라가 경건한 국가임을 증명한다. '알라후 아크바르' 혹은 '신은 위대하시다'로 시작하는 아잔 혹은 예배 시간을 알리는 소리는 하루에 다섯 번 모든 사원에서 울린다. 해가 뜰 때, 정오, 오후 중반, 해가 질 때와 저녁에 울린다. 이슬람교의 성일 금요일 정오에 남성들은 사원에 가며, 신자들이 거리에 넘쳐나는 광경을 쉽게 볼 수 있다. 이럴 때는 당연히 밖에 나가는 것을 삼가야 한다.

아랍어로 굴복을 뜻하는 이슬람교는 단순히 종교가 아니라 생활양식이라고 할 수 있다. 이슬람교의 성서『코란』에는 안 나와 있는 내용이 없다.『코란』은 16년이라는 기간에 걸쳐 오늘날 사우디아라비아에 있는  메카와 메디나에서 예언자 무함마드에게 계시되었는데, 아랍 문학에서 가장 아름다운 작품 중 하나로 알려져 있다.『코란』이외에도 예언자의 인생과 언행을 기록한『하디스』라는 것이 있는데, 대부분의 이슬람교인이『코란』과 더불어 이에 따른다.

사원은 기도, 종교 교육, 공동체 모임 등을 위한 곳이다. 모로코의 사원들은 중동과 터키의 사원들과 다르다. 중동 지역의 사원들은 정교하고 돔 형식이며 여러 개의 첨탑이 있다. 하지만 모로코 사원들은 일반적으로 4면의 첨탑이 1개뿐이다. 단, 틴말 지역에 있는 틴말 사원과 쉐프샤우엔에 있는 그랜드 모스크는 예외다.

신문 기사를 장식하는 온건 근본주의와 극단주의의 성장을 잘 구별하는 것이 중요하다. 모로코 사회에서 급속도로 일어나는 변화들에 대응하여 보수적인 가치와 이슬람교 관습을 엄격하게 준수하자는 움직임이 일고 있다. 하지만 모로코 근본주의자들은 세속적인 극단주의자들만큼 외부인들에게 친절하다.

모로코에 거주하는 외국인들은 그들의 삶에 이슬람교가 천천히 스며드는 것을 보게 된다. 미래에 발생할 일을 일컫는 데 흔히 사용하는 수식어 인샤알라(신의 뜻대로)부터 임의로 알라를 지칭하는 것까지 대화 속에 만연하다. 대부분의 외국인은 인샤알라가 책임을 회피할 때 쓰는 말이라고 생각하기 때문에 처음에는 곤혹스러워하지만 나중에는 사용하게 된다. 사실 이슬람교에서 모든 일은 이미 정해져 있다는 믿음이 굉장히 강하기 때문에 대부분의 경우 인샤알라는 진심이 담긴 말인 경우가 많다. 마크툽은 아랍어로 '기록되었다'를 뜻하는데, 모로코인들은 자신의 운명에서 벗어날 수 없다고 믿는다. 이러한 운명론이 다양한 형태로 나타나며, 가장 눈에 띄는 것은 운명을 개척하는 데 주저하는 모로코인들의 모습이다.

　이슬람교는 외국인들이 원하지 않는 이상 그들의 인생에 영향을 미치지 않을 것이다. 이슬람교도들은 일반적으로 다른 사람들을 개종하려고 하지 않는다. 하지만 당신이 이슬람교에 관심을 보인다면 그들은 당신이 개종하도록 설득할 것이다. 외국인들은 이슬람교의 규칙과 사회적 구조에 영향을 받지 않는다. 예를 들면 라마단 기간에 모로코인들은 공공장소에서 음식을 먹으면 감옥에 갈 수 있지만 (집에서 혼자 먹는 사람들이 많긴 하지만) 외국인들은 면제다. 행동을 조심할 필요는 있다. 또한 모로코인들은 이 기간에 공공장소에서 술을 마실 꿈도 꾸지 못하지만 외국인들은 저녁을 먹으면서 조심스럽게 와인 한 잔을 마실 수 있다.

이슬람 극단주의

2003년 5월 16일, 모로코의 관용에 대한 명성이 시험대에 오르게 되었다. 살라피아 지하디아라는 이슬람교 극단주의 단체와 연관된 자살폭탄 테러범들이 외국인과 모로코 유대인들이 자주 찾는 몇 군데를 표적으로 삼았다. 별개의 사건이었지만 가난으로 인해 지역사회가 급진주의로 치닫는 효과에 주목하는 계기가 되었다. 살라피아 지하디아 테러범들은 20~24세 사이의 청년들이었고 그중 일부는 근본주의자들이 이슬람법을 시행하려고 했던 카사블랑카의 빈곤 지역 출신이었다. 경찰은 격렬하게 대응했고 일부 청년들을 체포했다. 하지만 살라피아 지하디아는 해외와 연계되어 있었고 마드리드 기차 테러와 관련해 2004년 다시 뉴스에 보도되었다.

범인들은 그들이 지하드('투쟁'을 뜻하며 일상에서도 쓰이는 단어다)의 업무를 수행한다고 믿었지만 대다수의 모로코인은 이슬람교의 이름으로 폭력을 규탄했다.

모로코는 이슬람 사회에서도 자유로운 편에 속하지만 이슬람교를 숭배하는 면에서는 신중하다. 외국인들은 자신의 종교를 강요하지 않는 전제하에 종교의 자유를 가진다. 기독교와 유대인들은 별 문제가 없고 동양 종교는 잘 알려져 있지 않지만 일반적으로 각자의 신앙은 존중된다. 당신이 이슬람교에 대해 확고한 견해를 가지고 있다면 마음속에 담아두는 것이 최선이고 당신의 종교적 신념에 대해 질문했을 때 답변할 수 있도록 준비해야 한다.

교육

교육은 모로코에서 높이 평가되는 부분이다. 하지만 실업률이 높은 국가이기 때문에 교육이 항상 1순위는 아니다. 도시 아이들은 모로코 공립학교 또는 사립학교를 다니는데, 둘 다 프랑스 교육 모델을 기반으로 한다. 공립학교 수업은 아랍어로 진행되며 8세부터 프랑스어를 배운다. 사립학교 수업은 일반적으로 프랑스어로 진행되며 아랍어를 가르치는 학교가 늘고 있다. 중학교는 프랑스 대학 입학 자격시험인 바칼로레아로 이어지는데 해마다 더 많은 학생들이 시험을 치고 있다. 마지막 단계는 대학이다.

'만인 교육'이 이상적이지만 항상 이를 달성하기란 어렵다. 농촌, 심지어 도시에서도 아이들(특히 소녀들)은 가족을 부양하기 위해 학교를 떠나야 한다. 모로코에 거주하는 외국인 가정에 취학 연령 아이들이 있다면 프랑스 사립학교에 보내는 것이 가장 좋다. 카사블랑카, 탕헤르, 라바트, 마라케시 외곽에는 많지 않지만 영어로만 수업이 진행되는 학교도 있다.

모로코에는 공립 대학 15곳과 사립 대학 8곳이 있고, 소규모 사립 직업학교와 경영 대학원들이 많이 있다. 영어 수업을 제공하는 알아카와인대학교를 제외한 대부분의 공립 대학 교육은 프랑스어로 진행된다. 알아카와인대학교는 1995년에 설립되었고, 사우디아라비아의 파드 왕이 일부 재정을 지원했다. 수업은 전부 영어로 진행되고 매 여름 대학은 아랍어를 배우러 오는 외국인 학생 수십 명을 초대하기도 한다. 하지만 이 학교는 주로 엘리트 계층을 상대로 한다. BMW나 폭스바겐 같은 외제차가 가득한 주차장을 보면 알 수 있다. 대학을 다니는 모로코인들은 운이 좋다고 할 수 있다(대부분 대학 수업은 무료지만, 모두 주요 도시에 있고 타지 학생들을 위한 숙박시설이 부족하다). 많은 모로코인들이 해외 대학에서 공부하지만 이 또한 엘리트나 부유층에게만 제한된 옵션이다. 하지만 최근 들어 다른 언어 중에서도 영어를 배울 수 있는 기회가 늘어남에 따라 해외 대학에서 공부하는 모로코인들이 크게 늘고 있다.

다른 문화들 사이에서 괴로워하는 모로코

모로코는 아프리카와 유럽 사이에 있기 때문에 문화적으로도 둘 사이에 끼어 있는 불행한 특권을 가지고 있다. 서양의 새로운 문화를 접할 수 있는 동시에 전통에 뿌리를 박고 있다.

모로코인들의 이상은 넓은 범위로 나타나는데 서양 것이라면 피하고 보는 독실한 이슬람교인이 있는가 하면 명품 브랜드를 입고 다니는 도시 유행의 선도자도 있다. 대다수는 그 중간 어딘가에 위치한다. 모로코인들은 유행에 민감한 편이고 심지어 학교에 다니는 아이들도 휴대폰을 사용한다. 최소한 도시 지역은 디지털 사회를 향해 전속력으로 달려가고 있다고 볼 수 있다.

그리고 모로코는 빠르게 변하고 있다. 몇 년 전만 해도 여자들이 유행하는 유럽 스타일의 옷을 입고, 카페에서 담배를 피우고, 수영장에서 비키니를 입은 모습은 카사블랑카와 라바트에서만 볼 수 있었지만 이제는 농촌에서도 쉽게 볼 수 있다. 여러 가지가 변했지만 오래된 습관은 잘 고쳐지지 않고 전통적인 가치들은 강하게 남아 있다. 외국인들은 최신 휴대폰과 전통적인 수공예품이 함께 판매되고, 당나귀가 코카콜라 상자를 이고 좁은 길을 지나다니는 메디나를 보고 놀라게 될 것이다. 젊은 세대들은 노년 계층이 '이상한 사고방식'을 가지고 있다고 비난하는데, 60년간 너무 많은 변화를 겪은 나라에서 사람들이 어떻게 그렇게 빨리 적응을 했는지도 놀라울 따름이다. 사이버 카페에서 중년 남성들과 여자아이들이 나란히 인터넷 채팅을 하기도 하고, 엄마들이 아들의 힙합 음악에 발맞춰 춤을 추기도 하고, 아이들이 디자이너 브랜드 청바지를 입고 최신 유행하는 헤어 스타일을 하게 놔두는 부모님들의 모습도 볼 수 있다. 중년 여성들은 아직도 전통적인 젤라바와 히잡을 착용하지만(5장에서 자세히 다룰 것이다), 소녀들은 보수적인 스타일의 히잡을 착용할지언정 최신 유행을 따른다. 중장년층은 기술의 유입에 굉장히 잘 적응했고 도시에서는 나이든 사람들도 휴대폰을 가지고 다닌다.

　모로코인들이 외국 중에서도 미국을 어떻게 생각하는지 들어보면 놀랍다. 아무것도 모르는 사람이 들으면 미국에서는 나무에서 돈이 나고 모두가 여행을 다니며 비싼 옷을 입고 최신 기술을 살 수 있을 만큼 부유하다고 생각한다.

이게 다 무슨 말인가? 젊은 모로코인들은 모로코의 현대화는 자신들도 서양의 젊은 세대들처럼 더 나은 교육, 최신 기술, 현대적인 편의시설 등을 누릴 수 있는 기회가 주어진다는 의미라고 생각한다. 하지만 모로코의 경우, 이는 젊은 세대의 대다수가 교육 또는 이민을 위해 외국으로 나가고 인재 유출로 이어질 것이다. 반면, 해외 투자는 늘고 있고 정부도 시대의 변화를 따라잡을 정책을 마련하고 있다.

공적인 공간 vs 사적인 공간

공적인 공간과 사적인 공간에서의 행동 양식은 큰 차이가 난다. 거리에 서 있는 것 자체가 주의를 끄는 행동이며 이는 모두에게 적용된다. 모로코 사회에서는 낯선 사람을 뚫어져라 쳐다보거나 다가가는 것을 무례하다고 생각하지 않는다. 당신이 여자여도 마찬가지다.

모로코 여성들은 이 규칙을 이해하고 관심을 피하기 위해

외출 시 자신을 완전히 가린다. 히잡을 착용하지 않는 여성도 거리에서 남자들의 주목을 받지 않도록 스카프로 머리를 덮는다. 그리고 평상시에 히잡을 착용하지 않는 젊은 여성들도 심부름을 갈 때 젤라바를 뒤집어쓴다. 이 여성들은 동성 친구나 남편, 가족과 함께 있을 때 젤라바 안에 명품 브랜드의 옷을 입고 다니는 경우도 있다. 모로코에서 괴롭힘을 당하는 외국인 여성들은 대개 옷차림 때문에 그런 경우가 많다. 외국인 여성들에게는 당황스러운 일일 수 있지만 금방 적응할 것이다. 그렇다고 전통 의상을 입을 필요는 없으며, 어깨와 다리를 가리고 몸에 딱 붙지 않는 옷을 입는다면 괴롭힘을 피할 수 있다.

모로코처럼 가족을 강조하는 문화에서 시민들이 낯선 사람들을 대하는 태도를 그다지 중요하지 않게 생각하는 것은 당연하다. 낯선 사람에게 신세를 진 것이 아니기 때문에 불필요한 예의를 차릴 필요가 없다고 생각한다. 예를 들면, 가게 주인이나 카페 종업원들에게 예의를 차릴 필요가 없는 것이다. 하지만 해당 분야에 종사하는 사람들은 기대하지는 않더라도 당신이 예의 바르게 행동한다면 고맙게 생각할 것이다.

가족우선주의

가족은 모로코 사회에서 가장 중요한 부분을 차지한다고 할 수 있고, 외국인들은 이에 적응하는 데 시간이 좀 걸릴 수도 있다. 모로코인에게 가족은 일, 우정, 연인, 때로는 결혼보다 더 우선시된다. 이슬람교도에게는 부모님에게 순종하는 것이 의무이며, 많은 모로코인이 이를 중요하게 생각한다. 예를 들면 결혼하기 위해서 신랑은 (나이 상관없이) 부모님에게 허락을 구해야 한다. 허락한다고 했을 때 그는 부모님을 모시고 예비 신부의 집을 찾아가 그녀의 부모님에게도 허락을 구해야 한다. 대부분의 남자가 월급이 높은 직장에 들어가고 집을 사기 전까지는 결혼할 자격이 없다고 생각하지만, 신혼부부가 가족과 함께 사는 경우도 많다.

가족은 일반적으로 매일 함께 식사를 하고(직장인들과 학생들에게 점심시간이 2시간 주어지기 때문에 가능하다) 떨어져 사는 가족도 금요일 식사를 위해 모이곤 한다. 떨어져 사는 경우 매주 또는 가능한 한 자주 가족을 보러 가고 휴일에 특색 없는 호텔에 머무르는 것보다 친척들을 보러 간다. 젊은 사람이 다른 도시에 공부하러 간다면 가능한 경우 친척들과 함께 산다.

흐슈마

흐슈마hshuma 혹은 수치심은 모로코 사회에서 중요한 개념이다. 가족의 명예는 중요하고 빈틈없이 보호된다. 자신이 잘못한 행동 때문에 느끼는 죄책감과는 달리 흐슈마는 자신이 잘못한 행동을 타인이 알게 되는 것이다. 그렇기 때문에 모로코인들은 흐슈마를 피하기 위해 최선을 다한다. 공적인 장소에서 그들의 행동을 보면 잘 알 수 있다. 선한 거짓말(아랍어로 크디바 비다)을 자주 듣게 된다. 만약 당신이 모로코인에게 어려운 부탁을 한다면 그는 안 된다고 말하는 대신 체면을 지키고 흐슈마를 피하기 위해 무기한으로 부탁을 미룰 수도 있다. 악의는 없다.

흐슈마를 불러일으키는 것은 여러 가지로, 모두 사회적 규범을 벗어나는 행동에 해당된다. 성도착증, 이슬람교에 어긋나는 행동, 가족에게 수치스러울 만한 행동 등이다. 수치심을 느낀 사람은 사회에서 외면당하며 심각한 경우에는 가족에게까지 외면당할 수 있다.

모로코인들은 가족의 명예를 지키기 위해 최선을 다한다는 것을 알아두면 좋다. 때로는 사랑, 때로는 흐슈마에 대한 두려움에서 비롯되는데, 가족에 대한 충성심은 강하다. 만약에 가족 구성원 중 하나가 계속적으로 비행을 저지른다고 해도 가족은 가능한 한 그의 곁을 지킬 것이다.

또한 공적인 장소와 사적인 장소에서 친구를 대하는 방식이 굉장히 다르다. 공공장소에서 모로코 친구에게 칭찬을 하거나 고마움을 표현하는 것은 괜찮지만 지나치게 고마워하면 오히려 무시할 수 있다. 만약에 친구나 동료를 질책해야 하는 경우가 있다면 아무도 볼 수 없는 사적인 공간에서 하는 것이 좋다.

흐슈마를 의식하고 공적인 장소에서 모로코 친구를 모욕하거나 창피를 주는 일을 하지 않도록 조심해야 한다. 반면 남성이 여성을 귀찮게 한다면 흐슈마로 협박하는 것이 효과적이다. "너네 엄마한테 가라"라고 하면 남성의 어머니가 아들의 행동을 보고 느낄 수치심을 생각하게 하는 말이기 때문에 가장 모욕적인 말 중 하나다.

외국인에 대한 태도

외국인을 대하는 태도가 딱히 정해진 건 아니지만 모로코인들은 일반적으로 굉장히 친절하면서도 호기심이 많다. 마르하바는 아랍어로 '환영합니다'를 뜻하는데 반복적으로 듣게 될 단어다. 대부분의 모로코인은 새로운 외국인 주민을 알게 되면 굉장히 친절하게 대하며 도움의 손길을 건네거나 식사 대접을 위해 집에 초대할 것이다. 그들은 관광객들에게도 친절을 베풀기도 하며 이는 일반적으로 진심이 담긴 마음이다. 외국인이 느끼기에는 지나칠 수도 있지만 도움이 될 수도 있다.

안 좋은 점도 있다. 빈곤 수준이 높은 나라이기 때문에 서양인들은 낭비하고 사치스러운 존재이며, 해외 관광객들은 걸어 다니는 자동 입출금기로 생각한다. 식민 지배를 당했던 과거와 현재 유럽의 이민 정책들로 인해 모로코인들은 유럽인 중에서도 프랑스인과 스페인인을 인종차별주의자라고 생각할 수도 있다. 하지만 곧 교양 있는 그들의 모습을 보게 될 것이다. 대부분의 모로코인은 서양 사람들이 순진무구하다고 생각한다. 하지만 같은 곳에서 오랫동안 살게 되면 이런 인식은 사라지게 된다. 당신이 머무를 것을 알게 되면 가족의 일부로 받아들일 것이다.

모로코인들은 대개 서양 문화에 심취해 있다. 무엣진(예배 시간을 알려주는 사람)의 소리에 대항하는 미국과 유럽의 대중음악과 도시의 세련된 사람들이 입는 짝퉁 버버리, 돌체앤가바나, 아르마니를 보면 알 수 있다. 많은 모로코인이 서양의 특정 정책에 동의하지 않지만 대다수는 정치와 사람을 구별할 수 있다. 따라서 특정 국가의 조치가 마음에 들지 않더라도 그 국가의 국민인 당신을 탓하지는 않을 것이다.

다른 아랍인들을 대하는 태도는 정확히 이야기하기 어렵다. 일부는 아랍에미리트처럼 부유한 나라를 질투하고 일부는 특정 사회에서 여자들이 차별적인 대우를 받는 것에 대한 불만을 표현한다. 물론 국적 불문하고 다른 이슬람 국가의 사람들과 친분을 유지하며 자신들의 국가적 유산을 자랑스럽게 생각한다.

불행하게도 모로코 사회에서 열등한 지위로 불리함을 겪는 사람들이 있다. 사하라 사막 이남의 아프리카인들은 좀 더 나은 삶을 위해 또는 유럽으로 가는 도중 체류하기 위해 모로코에 온다. 그들이 취업을 해서인지(취업 시장에서 모로코인들의 입지가 줄어든다) 그들의 피부색 때문인지(모로코에서 다양한 피부색을 볼 수 있지만 그래도 더 밝은 피부색이 더 우월하다고 생각된다) 확실하지 않지만 모로코인들에게 무시를 당한다. 2000년대 초, 모로코 경찰은 이러한 선입견이 사실임을 보여줬다. 스페인 정부와 공동으로 세우타와 멜리야 국경을 넘으려던 불법이민자들을 체포하고 음식과 물이 없는 사막에 방치했다.

외국인 직원들과 관련하여 발생하는 흥미로운 현상이 있다. 모로코 학생들과 가까이 지내는 외국인 선생님들은 즉시 유명인사가 된다. 거리에 나가면 당신과 외국어 연습을 하고 싶어 안달이 난 사람들이 당신을 가로막을 것이다. 별다른 의도는 없고 당신에게 커피나 식사 대접을 권할 수도 있다.

여성의 사회적 지위

지난 수십 년간 모로코에서 여성의 사회적 지위는 변화를 거듭해왔다. 여성의 권리, 교육 기회, 태도와 다른 규범들도 빠르게 변화하고 있다. 도시와 농촌의 차이가 크지만 중고등학교, 대학교에 진학하는 젊은 여성의 수가 계속해서 늘고 있고 이러한 변화는 외딴 지역에서도 일어나고 있다. 도시의 의사들과 평화봉사단이 운영하는 훈련 프로그램으로 농촌 지역의 사람들이 출생 이전의 태아와 어린이 건강에 대해 가지고 있는 인식을 개선해왔다. 이런 프로그램들은 신생아 사망률을 낮추고 조산원 등의 분야에서 훈련을 통해 농촌 여성들의 사회적 지위를 제고해왔다.

　다른 지역과 마찬가지로 모로코에서도 도시의 여성들만 다양한 기회를 누리게 된다. 대부분은 바칼로레아 수준으로 졸업하며 상당수가 대학에 진학한다. 그들은 자신이 원하는 사람과 결혼할 수 있고, 이혼 소송을 할 수 있으며, 공직에 입후보할 수도 있다. 2004년 무함마드 6세가 무다와나(가족법)를 크게 개정한 결과, 여성은 결혼, 이혼, 자녀양육권 분야에서 남성과 동등한 권리를 가진다(일부다처제는 첫 번째 아내의 허락하에 아직 합법이다). 모로코 여성은 자신이 선호하는 옷을 입고 전통 이슬람교 두건인 히잡 착용 여부도 선택할 수 있다. 이를 눈을

제외하고 얼굴 전체를 덮는 니캅과 헷갈리면 안 된다. 노년 여성과 빈곤층을 제외한 모로코인들은 거의 착용하지 않는다. 이제는 소도시에서도 카페를 찾는 여성을 흔히 볼 수 있다. 지나가는 남자들이 쳐다볼 수 없는 2층을 주로 사용한다.

로마가 하루아침에 이루어지지 않았듯이, 모로코 여성들은 아직 가야 할 길이 멀다. 공공장소에서 흡연을 할 수 있지만 그런 사람들은 사회로부터 외면당하기 십상이다. 술집이나 호텔에서 보이면 흐슈마고, 이슬람교의 소녀들은 결혼 전까지 순결을 지켜야 하기 때문에 결혼 전 연애는 의심을 받는다. 그렇지만 많은 젊은 세대들은 연애를 한다. 대부분 순수하게 전화 통화나 문자를 주고받는 정도다. 아내를 버리는 관습은 아직도 흔하다. 미혼 여성이 임신을 하면 집에서 쫓겨나거나, 결혼을 강요당하거나, 카사블랑카에서 낙태를 하는 수치심을 느껴야 한다(불법이다).

일반적으로 외국인 여성들은 이런 기준에 적용되지 않는다. 예를 들면 모로코 여성이 공공장소에서 흡연을 했다면 상당한 흐슈마를 받을 텐데 외국인 여성이 그랬다면 아무도 신경 쓰지 않을 것이다. 옷을 단정하게 입고 문화를 존중하는 것이 중요하지만 외국인 여성들은 그들이 하고 싶은 대로 할 수 있다.

모로코 여성들이 다른 이슬
람 국가 여성들보다 더 나은 부
분은 그들이 동등한 권리를 찾
기 위해 직접 투쟁했다는 점, 그
것을 공감해주고 지원해준 왕이
있다는 점이다. 『베일 넘어』를
포함해 여러 유명한 작품을 쓴 파티마 메르니시 같은 여성운
동가들이 앞장선다면 모로코 여성은 앞으로 나아갈 수 있다.

성적 풍습

모로코 사회에서 합법적인 성관계는 법적 혼인 상태에서만 가
능하다. 순결을 잃은 미혼 여성을 빈트라고 부르고 기혼 여성
을 마라라고 부른다. 앞서 이야기한 것처럼 모로코 전체 인구
의 70%가 30세 이하다. 순결을 지키는 것을 이상적으로 생각
하는 문화인데도 젊은 남성들은 대부분 성관계 경험을 가지고
결혼을 한다. 불법이지만 사회적으로 허용되는 방문 성매매업
종사자와의 관계가 대부분이다.

젊은 여성들도 성관계에 눈을 뜨고 있다. 하지만 이건 모로코 여성들에게 좋은 건 아니다. 종교적인 이유를 제외하고도 성교육이 부족하여 젊은 층은 위험한 성관계를 가진다. 더 나아가 많은 젊은 여성들이 결혼하기 전 순결을 지키기 위해 다른 성적 활동을 하는데 이것도 성병만큼이나 위험하다.

이슬람교에서 동성애는 금지되어 있다. 하지만 어디에서나 그렇듯 모로코에도 게이가 존재한다. 그래도 대부분의 사회에서는 아직 동성애를 범죄로 인식하며 많은 사람이 인상을 찌푸리게 된다. 게이를 뜻하는 모로코 단어는 자멜('올라타다'를 뜻한다)인데 굉장히 모욕적이다. 실제로 이야기할 만한 '게이 커뮤니티'는 없지만 게이 모로코인들을 상대로 하는 웹사이트가 여럿 있다. 실제로 이 웹사이트를 통해 외국인 그중에서도 성을 매수하는 사람들을 만난다.

섹스 관광은 만연하다. 특히 유럽과 중동 사람들은 이국적인 경험을 하기 위해 모로코를 여행하며 매춘부나 미혼자들을 노린다. 모로코 남성들은 성관계 또는 결혼(이민을 가기 위해서)을 위해 외국 여성을 찾기도 한다. 여기서 오해와 불신이 생긴다. 외국인들은 일반적인 관습들을 준수하고, 종교적 가치들을 알아야 하며 오해를 살 만한 부적절한 행동을 삼가야 한다.

이러한 경고에도 불구하고 외국인과 모로코인이 성공적으로 연인관계로 발전하는 경우는 많다. 그 과정에서 상대방의 친구와 가족을 만나보고 가능하다면 당신의 친구와 가족에게도 그 사람을 소개해보길 바란다. 모든 관계에서 당신의 본능을 따르면 된다.

03

문화와 전통

라마단 기간에 이슬람교인들은 해가 떠 있는 동안 금식을 해야 하며, 흡연이나 성관계를 삼가야 한다. 금식을 해서 얻는 종교적 혜택들은 거짓말을 하거나 뒤에서 남을 욕하면 무효화된다. 이슬람교인들은 이 기간에 거리에서 음식을 먹으면 체포될 수도 있다. 하지만 젊은 세대들은 사적인 공간에서 음식을 먹는 경우가 꽤 있다. 이슬람교인이 아닌 외국인들은 금식하지 않아도 되지만 행동을 조심해야 한다.

공휴일

모로코에는 여러 국가 공휴일이 있는데, 이때 은행, 관공서, 학교와 대부분의 가게가 문을 닫는다. 모로코는 공식적으로 그레고리력을 따르기 때문에 비종교 휴일은 매년 정해진 날에 기념한다. 거리에서 기념행사가 있긴 하지만 종교 휴일과 달리 모로코인들에게 비종교 휴일은 중요하지 않다. 하지만 많은 사람이 이 휴일을 이용해 가족을 보러 가기 때문에 대중교통이 마비된다.

【 새해: 1월 1일 】

1월 1일은 모로코인들에게 중요한 휴일이 아니다. 이슬람교에서는 새해를 다른 날에 기념하기 때문이다. 하지만 대서양 연안 지역에서는 이날 특별한 저녁식사와 파티를 즐기며 새해를 기념한다. 규모가 더 큰 도시들에서는 서양처럼 공식적으로 기념행사를 한다.

【 독립운동 기념일: 1월 11일 】

1944년 이스티크랄당의 '독립선언서' 발표를 기념하는 날이다. 이 독립선언서는 무함마드 5세가 구현한 모로코 독립, 영토 통합, 국가 주권을 담고 있다.

【 노동절: 5월 1일 】

전 세계 다른 나라에서처럼 노동절은 5월 1일에 기념한다.

【 왕위 즉위 기념일: 7월 30일 】

무함마드 6세의 왕위 즉위를 기념한다.

【 서사하라 수복 기념일: 8월 14일 】

1979년에 서사하라(다클라)주의 지도자들이 모로코에 수복을
맹세하고 폴리사리오 전선이 자신들의 영토에 대해 주장하는
권리를 포기하게 한 사건을 기념한다.

【 혁명 기념일: 8월 20일 】

1953년 무함마드 5세의 망명을 기념한다. 이 사건이 혁명의 불
씨가 되었다.

【 국왕 탄생 기념일: 8월 21일 】

현재 왕의 생일을 기념한다.

【 녹색행진 기념일: 11월 6일 】

서사하라 지역을 되찾기 위해 35만 명이 넘는 모로코인들이 행진한 것을 기념한다. 하산 2세가 이끈 행진은 모로코 애국심에 새로운 불을 지폈다.

【 독립기념일: 11월 18일 】

1956년 11월 18일 프랑스로부터의 독립과 무함마드 5세의 왕위 복귀를 기념한다. 2006년에는 멋진 기념행사로 모로코 독립 50주년을 기념했다.

종교 휴일

이슬람력 혹은 히즈라력은 태음력이기 때문에 이슬람교의 한 해는 그레고리력보다 11일 정도 짧다. 히즈라는 서기 622년에 예언자 무함마드가 메카에서 메디나까지 걸은 길을 묘사하는 단어로, 히즈라력의 첫해를 나타내게 되었다.

모로코 달력에 이런 휴일이 미리 적혀있긴 하지만 초승달이 뜨기 전 그리고 페즈의 종교적 권위자들이 정하기 전까지는 미정인 셈이다. 모로코인들은 라마단이 언제 시작하고 끝나는지 알고 싶어 하지만, 사원과 텔레비전에서 공지하기 전까지 기다릴 수밖에 없다.

【 라스 아스사나 】

'새해'를 뜻하며, 이슬람교에서 새해는 히즈라력에서 첫 번째 달의 첫날인 무하람 1일에 기념한다.

【 아슈라 】

모로코는 수니파 이슬람 국가이지만 시아파의 최대 종교 행사도 기념한다. 무하람 10일에 예언자 무함마드의 손자 후세인 이븐 알리의 암살을 기념한다. 어린아이들은 사탕과 장난감을 받는다.

【 마울리드 】

히즈라력의 세 번째 달인 라비 알아우왈 12일은 예언자 무함마드의 탄생일을 기념한다.

【라마단】

라마단은 히즈라력의 아홉 번째 달로, 무함마드가 『코란』의 첫 계시를 받은 달이다. 이슬람교인들은 이 기간에 해가 떠 있는 동안 금식을 해야 하며, 흡연이나 성관계를 삼가야 한다. 금식을 해서 얻는 종교적 혜택들은 거짓말을 하거나 뒤에서 남을 욕하면 무효화된다. 『하디스』는 이 기간에 여성이 장신구 없이 보수적이면서 단정한 옷을 입는 것을 권하고 여성들은 해가 질 때까지 이를 따른다. 아이들, 어르신, 임신·수유·월경 중인 여성, 여행객과 병자는 해당되지 않는다. 하지만 이때 빠진 며칠은 나중에라도 꼭 그해 안에 채워야 한다.

라마단은 모로코에서 꽤 심각하게 받아들여지고 이슬람교인들은 이 기간에 거리에서 음식을 먹으면 체포될 수도 있다. 하지만 젊은 세대들은 사적인 공간에서 음식을 먹는 경우가 꽤 있다. 이슬람교인이 아닌 외국인들은 금식하지 않아도 되지만 행동을 조심해야 한다. 하지만 사실 대부분의 식당과 카페가 저녁까지 문을 열지 않기 때문에 조심할 필요도 없다. 그리고 일부는 라마단 기간 내내 영업을 하지 않고 수리를 하기도 한다.

손에 잡은 실이 흰색인지 검은색인지 구별할 수 없는 저녁이 돼서야 금식을 마친다. 이 테스트를 굳이 하지 않아도 대부분의 도시에서 멀리까지도 들리는 대포를 발사한다. 소규모 도시에서는 나팔수가 이를 대신한다. 텔레비전에서도 정보를 얻을 수 있는데 예배 시간과 알프토르 혹은 금식을 마치는 시간을 알려준다.

알프토르는 가벼운 식사인데, 이슬람 국가마다 다르지만 대부분 대추를 제일 처음 먹는다. 예언자 무함마드가 금식을 마친 방법이기 때문이다. 대추를 먹은 다음에는 채소나 고기가 들어간 토마토 수프인 하리라, 메스꺼울 정도로 달콤한 과자인 셰바키아, 우유, 집에서 만들거나 카페(라마단 기간에는 대부분 페이스트리 가게로 변한다)에서 산 페이스트리를 먹는다.

알프토르 다음에는 집이나 카페, 거리에서 사람들과 교제하는 시간을 가진다. 저녁식사는 여느 때보다 더 풍성하게 먹는다. 오후 10시와 새벽 1시 사이에 식사를 한 후 짧게 잠을 잔다. 새벽이 되기 2시간 정도 전에 포탄 소리가 한 번 더 울려 다시 먹을 시간을 알린다. 수흐르라고 불리는 마지막 식사 동안 이슬람교인들은 하루 종일 버틸 수 있도록 충분한 음식과 물을 섭취한다.

마지막으로 라마단의 스물일곱 번째 날 혹은 라일라트 알카드르(권능의 밤)는 사원에서 『코란』을 처음부터 끝까지 읽는 거룩한 밤이다. 독실한 이슬람교인들은 밤새 예배를 드리고 필요한 경우 중간에 먹거나 낮잠을 잔다. 이날 죽는 사람은 천국으로 바로 갈 수 있다고 한다.

【 아침 만찬(이드 알피트르) 】

이드 알세기르 혹은 작은 만찬이라고 불리는 이드 알피트르는 라마단이 끝나감을 의미한다. 그 전날 가게와 빵집은 축제 때 필요한 선물과 사탕을 사러 온 사람들로 꽉 찬다. 아이들은 새 옷을 선물 받고 사람들은 가족을 보러 멀리 떠난다. 이 휴일은

3일 동안 이어지며 관광이 주요 산업인 도시들을 제외하고는 대부분의 가게가 영업을 하지 않는다. 또한 크리스마스를 연상케 하는 축제 분위기가 형성된다. 사무직 직장인들도 이때 작은 보너스를 많이 받는다.

【 대만찬(이드 알아드하 혹은 이드 알카비르) 】

이슬람력의 마지막 달인 둘힛자는 하즈 혹은 메카로 가는 순례길을 떠나는 달이다. 하즈는 아브라함이 자신의 아들 대신 숫양을 바친 것을 기념하기 위해 도살의식으로 막을 내린다. 이 의식은 이드 알피트르 기간에 양을 구매할 수 있는 가정에서 행해진다. 이 축제는 둘힛자 10~13일에 3일간 열리고, 대부

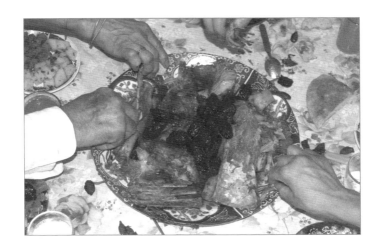

분의 모로코 공휴일과 비슷하게 가족들이 모여 만찬을 즐기고 같이 시간을 보낸다.

모우심

모우심은 무라비트라고 불리는 성인의 탄생 혹은 죽음을 기념하는 날이다. 이 기간에 모로코인들은 모우심 축제가 열리는 곳을 찾아 짧은 순례길을 떠난다. 성인 숭배가 이슬람교에서 금기되고 있지만 이런 축제들은 모로코 문화의 일부이며 이슬

람교와 다른 전통들이 섞인 데 영감을 받았다.

모우심 기간 동안 사람들은 음악을 연주하고, 춤을 추며, 파티를 연다. 남부 지역에서는 그나우아 음악가(남부 지역에 거주 하는 사하라 이남의 아프리카인들의 자손)들이 공연을 연다. 모우심은 시끌벅적한 공연을 볼 수 있는 좋은 기회다. 기수들이 전통 의 상을 입고 들판 양쪽에 서서 서로에게 돌격하면서 공중을 향 해 총을 쏜다. 이는 모로코 전통이었지만 이제는 관광객들을 위해 그리고 모우심을 기념하기 위해 한다.

인기 있는 모우심은 10월 엘 자디다에서 열리는 모우심 물 레이 압달라와 메크네스와 물레이 이드리스 제르훈에서 열리

는 모우심 물레이 이드리스다.

축제와 기념행사

모로코는 나라 안팎의 이목을 끄는 세속적이고도 문화적인
축제들을 연다. 전통적인 축제와 현대적인 축제가 있는데, 둘
다 놓쳐선 안 된다.

【 아몬드 꽃 축제(2월) 】
봄에 꽃이 피는 시기를 기념하기 위한 이 축제는 타프라웃 근
처 아멜른 밸리에서 열린다.

【 사하라 사막 모래 마라톤(3월/4월) 】

7일간 사막에서 펼치는 도보 경주로 와르자자트에서 시작하고
끝난다.

【 장미 축제(5월) 】

이 축제는 와르자자트 근처 엘 켈라아 음구나 계곡에서의 장
미 수확을 기념한다.

【 세계 종교 음악 축제(5월/6월/7월) 】

초여름 페즈에서 9일간 열리는 이 축제를 즐기러 많은 해외
방문객이 온다.

【 체리 축제(6월) 】

세프루에서 3일간 열리는 이 축제에서 음악과 춤을 즐길 수 있다. 축제는 체리 여왕에게 왕관을 씌워주는 행사로 막을 내린다.

【 모로코 민속 축제(6월) 】

베르베르족 음악과 춤을 기념하는 이 축제는 마라케시에서 열린다.

【 그나우아 세계 음악 축제(6월) 】

모로코에서 가장 인기 있는 축제로 세계 음악을 기념한다. 매년 50만 명 이상의 방문객이 이 축제를 즐기기 위해 에사우이라의 작은 항구 도시를 찾는다.

【 국제 라바트 축제(6월/7월) 】

아프리카 전역의 음악가들이 방문하며 소규모 영화 축제가 열리기도 한다.

【 국제 문화 축제(7월/8월) 】

이 미술 축제는 작은 항구 도시 아실라에서 열린다. 현대 미술과 전통 모로코 미술을 기념하며 가족 친화적이다.

【 결혼 축제(9월) 】

3일간 이밀쉴에서 열리며 최근 모로코 관광청이 활용하고 있다. 축제 기간에 젊은 베르베르족 여성은 남편이 될 만한 사람을 고르고 약혼 서류에 서명한다.

【 **국제 영화제**(해마다 다름) 】

이 영화제에 참석하기 위해 해외 예술가, 감독, 배우들이 마라케시를 찾는다. 엘리트 계층의 행사가 된 이 축제는 일주일간 아랍과 아프리카 영화 등을 소개한다.

민속과 신비주의

모로코는 이슬람 국가지만 그 역사의 시작은 이슬람교의 도래보다 수천 년 전으로 거슬러 올라간다. 이는 특정 관습에서 잘 나타난다. 이슬람교의 초기 시절, 일부 신도들은 종교적 규칙에만 의존해서 사는 것이 충분하지 않다고 생각했고 신과 더 긴밀한 관계를 맺길 원했다. 이들은 수피라고 불리며 베르베르족의 초기 관습들과 상관관계를 찾았다. 수피의 일부는 아직 모로코에 남아 있는데, 그들은 특히 남부 지역에서 수피 조직인 자위야를 형성해 살고 있다.

수피는 소수지만, 신비스럽고 미신적인 관습 중 일부는 대부분의 모로코인에게 인기가 있다. 악마의 눈에 대한 이야기를 믿는 사람들이 많고, 파티마의 손 혹은 유대인 민속에서 함사라고 알려진 부적을 목 주위나 출입구에 걸어둔다. 얼굴 문신은 모로코 남부 지역에서 찾아볼 수 있는데, 정령 등 악한 기운을 물리친다고 한다. 아이샤 콴디샤가 그중 하나인데, 염소의 다리를 가진 아름다운 여성이 강이나 하수관에 산다고 알려져 있다. 아이들이 무서워하며 모로코 남성들이 그녀의 주문에 넘어간 것으로 알려져 있다.

잘 알려지지 않은 민속적인 관습들도 있는데, 이는 현대 모로코인들이 이슬람교에 걸맞지 않는다고 비난하기 때문에 도시에 알려지지 않았다. 한 해 동안 개최되는 여러 축제와 모우심에서 외국인들은 모로코 민속 전통을 보거나 직접 경험할 수 있다.

04

친구 사귀기

모로코인들은 대화하기를 좋아하고 특히 혼자 지내는 경우 따뜻하게 맞아주기 때문에 모로
코에서 친구를 사귀는 것이 어려워 보이지는 않는다. 다만 친구를 사귀고 나서 관계를 유지
하는 것이 어려운데, 몇 가지 기본 예절을 지킨다면 도움이 될 것이다.

모로코인들은 대화하기를 좋아하고 특히 혼자 지내는 경우 따뜻하게 맞아주기 때문에 모로코에서 친구를 사귀는 것이 어려워 보이지는 않는다. 다만 친구를 사귀고 나서 관계를 유지하는 것이 어려운데, 몇 가지 기본 예절을 지킨다면 도움이 될 것이다.

남녀의 차이

기혼인 상태로 모로코에 혼자 오게 된다면 친구를 사귀는 것이 그리 어렵지 않을 것이다. 이미 결혼을 해서 당신이 어떤 부분에 도움이 필요한지 알고 있고, 자신의 행동이 예절에 어긋나는지 생각하지 않고도 도움을 건네는 동료들이 많을 것이다.

　모로코에서 친구를 사귀면서 남녀 간 관계를 이해하는 데 어려움을 겪을 사람은 미혼 외국인이다. 전통적으로 이슬람교에서 남녀는 엄격하게 분리되어 있고, 이성 친구를 사귀는 데 익숙하지 않다. 특히 젊은 세대 사이에서 변화의 조짐이 보이고는 있지만 외국인은 이에 해당되지 않고 남녀 간의 규칙이 있으므로 이를 알고 있는 것이 중요하다.

외국인 남성의 경우 모로코인과 친구관계를 형성하는 데 어려움이 없을 것이다. 특히 프랑스어나 아랍어를 구사한다면 말이다. 미혼이라면 상대방이 커피나 술을 마시자고 불러낼 수도 있다. 불러낸 사람이 돈을 내는 게 일반적인데 예의상 자신의 몫에 대해 돈을 내겠다고 해야 한다. 대부분 거절당할 가능성이 높다. 반대로 친구를 초대하는 경우 그들이 이전에 베푼 친절함에 대한 보답으로 계산을 하면 된다.

모로코 남성들은 서로에게 꽤 다정한 편이다. 남성끼리 어깨동무를 하거나 손을 잡고 가는 행동은 지극히 정상적이다. 모로코에서 친구관계에 나이는 중요하지 않기 때문에 청년과 중년이 함께 시간을 보내는 것을 흔히 볼 수 있다.

대개 외국인 남성과 모로코 여성 사이에 문제가 많이 발생

한다. 모로코 여성들은 남성 친구가 없는 경우가 많기 때문에, 외국인 남성과 친구가 되는 것 또한 주저할 수 있다. 만약에 여성 친구나 동료가 그녀의 가족 식사에 당신을 초대한다면 남성은 그녀의 남성 가족 구성원과 시간을 보내게 될 것이다.

외국인 여성들은 친구관계를 형성하는 데 큰 문제가 없다. 모로코 여성들과 쉽게 친구가 되고 모로코 남성들은 그녀의 전화번호를 알기 위해 줄을 설 것이다. 남녀가 거리를 유지해야 하는 문화에서 모로코 남성에게 외국인 여성은 가능성 있는 상대라고 생각되는 것이다. 문제는 왜 그렇게 생각하는지다. 진심으로 친구가 되고 싶을 수도 있지만 단순히 당신이 흥미로워서일 수도 있다. 외국인 여성들이 '자유롭고 쉬운' 존재라고 생각할 수도 있고 이민을 가기 위한 방법을 찾아보는 사람일 수도 있다. 순수한 의도를 가지고 있을 수도 있지만 조심해서 손해 볼 것은 없다. 본능을 믿기 바란다.

호칭

일반적으로 남성은 아랍어로 '아저씨'를 뜻하는 시다라고 부른다. 시라고 줄여 부르기도 한다. 모르는 남성의 주의를 끌고 싶다면 시디라고 부르면 된다. 종업원은 흔히 시디 무함마드라고 부른다. 남성을 물레이라고도 부르는데 이는 살아 있거나 죽은 성자를 부르는 말이다. 때로는 교수나 변호사가 자기 자신을 물레이라고 부를 것이다. 하즈는 하즈를 끝낸 사람이나 어르신들에게 붙는 호칭이다. 하자는 여자를 부르는 말이다. 다른 여성들은 랄라라는 수식어가 많이 붙고 그들의 주의를 끌기 위해 시디처럼 사용될 수 있다.

연락하기

새로운 친구를 사귀거나 사업차 연락을 할 때 자주 전화를 하거나 문자를 하는 것이 기본 예절이다. 많은 사람이 이용하는 방법이며 저렴하다. 친구의 건강 상태나 가족에 대해 물어보는 것이 관례다. 인사말은 형식을 갖추고 보통 사람들이 하는 대로 하면 되며, 이는 9장에서 자세히 다룰 것이다. 일반적으로 사용되는 호칭을 배우는 것은 매우 중요하다. 적절하지 않은 인사말이 가까워진 친분을 훼손할 수 있기 때문이다. 흥미로운 것은 모로코인들은 친구에게 전화를 하고 끊어버린다. 친구의 전화에 자신의 번호를 등록해놓는 것이다. 젊은 세대 사이에서는 빕 알리야라고 불리는데, 상대방이 당신을 생각하고 있다는 것을 알려주는 방법이다. 다시 전화를 하지 않아도 되며 빕 알리야를 남기면 된다. 모로코 휴대폰은 받지 않으면 통화료가 들지 않기 때문에 이런 연락방식이 인기를 끄는 셈이다.

친절함 그리고 집으로 초대하기

모로코인들은 특별한 친절함으로 유명하다. 당신의 이름을 알기도 전에 점심식사에 초대할 수도 있다. 무조건 응해야 하는 건 아니다. 당신이 거절한다고 해서 초대하는 사람이 기분이 상하진 않을 것이다. 친구가 당신을 집으로 초대한다면 아마 진심에서 우러나온 것일 것이다. 일반적으로 새로 사귄 친구를 집으로 초대한다면 점심이나 저녁을 같이 먹는다고 생각하면 된다. 당신이 찾아가야 하는 일은 거의 없을 것이고 누가 데리러 온다거나 공통으로 아는 곳에서 만나면 된다. 의무는 아니지만 예의상 작은 선물을 가져가는 것이 좋다. 대추, 아이스크림 혹은 당신의 고향에서 온 어떤 것이든 좋다.

집에 도착하면 문 앞에서 신발을 벗는 것이 관례다. 동료나 상사가 다과를 대접한다면 손님방으로 안내받을 것이다. 더 가까운 친구라면 가족들이 실제로 밥을 먹는 응접실로 데려갈 것이다. 특히 당신이 남성이라면 아주 전통적인 가정에서는 식사 자리에 여성은 없을 것이다. 하지만 이런 문화는 도시에서 점점 없어지고 있는 추세다.

자리에 앉으면 대추를 곁들인 커피나 차, 우유를 내올 것이다. 영어 방송이 나오는 텔레비전을 볼 수도 있고 앉아서 수다를 떨어도 좋다. 어느 정도 시간이 지나면 식사를 언급하거나 배고프다고 말함으로써 식사를 유도하는 신호를 보내면 된다.

식사를 하는 사람들은 손을 먼저 닦을 것이다. 싱크대에서 손을 닦기도 하지만 주전자와 세숫대야를 돌리는 더 전통적인 방법을 사용하기도 한다. 당신 차례가 오면, 세숫대야에 손을 올려놓고 물을 부어주면 제공된 비누를 사용해서 손을 씻으면 된다. 손을 닦기 위한 수건도 줄 것이다.

모로코인들은 전통적으로 낮고 둥근 탁자에서 평범한 접시에 밥을 먹는다. 도구를 사용하거나 각자 덜어 먹기 위한 개

인 접시를 줄 수도 있다. 전통적으로 모로코인들은 손이나 빵 조각을 사용해 음식을 먹는다. 그릇에 담긴 음식은 당신 바로 앞에 있는 부분만 오른손을 사용해(206쪽 참고) 먹는다. 다른 사람의 몫을 먹는 것은 무례하다고 여겨진다. 초대한 사람은 닭의 간이나 심장 등 가장 맛있는 부위를 골라 당신 앞에 놓을 것이다. 만약 먹을 수 없는 부위라면 싫어하는 티를 내지 말고 익숙하지 않은 음식이라고 양해를 구하면 된다.

모로코인들은 손님이 잘 먹고 가는 것을 확인하고 싶어 한다. 불행하게도 '잘 먹다'는 '배가 터질 만큼 먹는다'를 뜻한다. 모로코 어머니들은 특히 손님한테 '쿨! 쿨!'이라고 외치는 걸로 유명한데 이건 '먹어! 먹어!'라는 뜻이다. 가만히 있는 것이 가장 좋지만 더 이상 못 먹겠으면 '저는 원래 많이 못 먹어요'를 뜻하는 '아나 라 아쿠루 카티란'이라고 말하고 양해를 구하면 된다. 그러면 초대한 사람이 음식의 문제가 아니라 식욕의 문제라는 것을 알 수 있다.

메인 요리가 끝날 즈음, 제철 과일과 민트차가 제공된다. 언제든 음식이 너무 맛있었다고 칭찬을 하고 트림을 하면 좋다. 그 후 신께 찬양(알함두릴라)을 드리는 것이 적합하다.

식사를 마친 후 머물다 오는 것이 예의다. 모로코인들은 손님에게 이제 그만 가라고 하지 않고 짧은 낮잠을 자고 가라고 권할 것이다. 초대한 사람과 여러 번 실랑이 끝에 나올 수 있을 것이다. 이를 방지하기 위해 정확히 몇 시에 약속이 있다는 사실을 사전에 말해두는 것이 좋다.

적응하기

모로코는 단순히 적응해서 살기에 쉬운 곳은 아니다. 모로코인처럼 생겼거나 데리자어를 유창하게 구사할 수 있지 않다면 쉽게 눈에 띌 수밖에 없을 것이다. 하지만 모로코의 문화적 규범이나 관습에 대한 중요성을 인식한다면 그 나라와 사람들을 더 깊게 알아갈 수 있을 것이다.

아랍어를 정식으로 공부하지 않았다고 해도 알파벳을 배우고 주요 표현들을 배워두면 생각보다 큰 도움이 될 것이다. 모로코인들은 친절하게 외국인들이 구사하는 아랍어를 들어줄 것이다. 여러 번 수정을 거쳐야 하겠지만 그들은 당신의 노력을 높이 살 것이다.

특히 여성들은 옷을 단정하게 입는 것이 중요하다. 하지만 단정하다는 것이 항상 보수적인 것을 뜻하는 것은 아니다. 히잡을 착용한 여성들도 유행을 선도하는 사람들이 많다. 신체 부위를 가리고 있어도 당신만의 스타일을 유지하는 것이 가능하다. 타투는 하람(이슬람교의 금기 사항)으로 여겨지며 가려야 한다. 작은 바디피어싱(예를 들면 코걸이)도 흔하지 않지만 금기 사항은 아니다. 외국인의 경우 행동을 조심히 하면 가능하다.

모로코 사회에 적응할 수 있는 가장 좋은 방법은 평소 그대로의 모습을 유지하는 것이다. 개성은 특별한 자산이 아니지만 진솔함은 그렇다. 진솔하고 솔직하고 공손하다면 모로코 친구들과 잘 지낼 수 있을 것이다.

05

일상생활

모로코 사회는 빠르게 변화하고 있고 최소한 도시에서는 성역할도 더 유연해지고 있다. 전통적으로 남성이 가족을 보호하고 돌보는 역할을 전담한다. 안정적인 직장과 집을 구하기 전에는 남성들이 결혼을 거의 하지 않는 것을 보면 잘 알 수 있다. 여성들은 관례상 요리, 청소, 자녀들의 교육을 포함한 가정과 가사를 맡는다. 일상은 가족 중심으로 돌아간다.

사회적 구조

모로코인이 느끼는 가족의 중요성은 그 언어에 잘 나타나 있다. 아랍어에는 특정 가족 구성원을 묘사할 수 있는 다양한 단어들이 있다. 예를 들면 이모(카라)와 고모(아마)에 해당하는 단어가 서로 다르고, 먼 친척을 설명하려면 굉장히 복잡한 과정을 거쳐야 한다. 전통적으로 여성보다 남성을 더 예우한다. 그렇기 때문에 외국인 여성들이 남성 친구들과 돌아다닐 때 자신이 완전히 무시당한다는 사실을 알게 되면 당황스러워할 수도 있다.

가족은 항상 우선시된다. 법적으로 만 18세 이상이면 결혼을 할 수 있지만, 대부분의 모로코인은 부모님 허락 없이는 결혼 생각을 하지 않을 것이다. 젊은 세대들도 결혼 전까지는 출가할 생각을 하지 않는다. 일반적인 가정은 부부 한 쌍과 그들의 자녀, 연세가 드신 부모님 또는 미혼 형제자매로 구성되어 있다. 모로코인들은 어르신들을 양로원에 유기하는 사회를 경멸한다.

최근에야 개인주의가 젊은 세대 사이에서 확산되고 있고, 이는 그들의 옷이나 때로는 태도에서 분명히 드러난다. 젊은 세대를 제외하고는 관습 등을 따르는 경향이 있다. 지배적인 운명론 혹은 당국에 대한 두려움으로 인해 대부분 다른 구성원들과 행동을 같이 한다.

복장

모로코인들에게 모두 적용되는 옷을 한 문장으로 정의할 수는 없다. 모로코인들은 계급, 취향, 특정 요구 사항에 따라 다른 옷을 입기 때문에 현대적, 전통적 옷을 모두 입어야 하며 두 종류의 옷을 여러 벌씩 소유하고 있을 것이다.

30세 이하의 젊은 세대 사이에서는 캐주얼한 유럽이나 미국 스타일의 옷이 유행이며 옷의 품질 또한 다양하다. 모로

성들은 다양한 색과 디자인 중에 고를 수 있다. 어떤 가정에서는 집 안에서 빌가 대신 플라스틱 샌들을 신는다.

【 개인 장식 】

다른 곳과 마찬가지로 모로코에서도 화장품과 장신구를 흔히 볼 수 있지만 둘 다 과하게 하는 것은 적절하지 않다. 금은 부의 상징으로 여겨지며 『코란』이 남성에게 금 장신구 착용을 금하고 있지만 남성과 여성 모두 금 장신구를 한다. 베르베르족 장신구는 은으로 만든 것이 많고 모로코인과 관광객 모두에게 인기가 많다.

중년 여성들이 얼굴 문신한 것도 볼 수 있다. 전통적으로 베르베르족 여성들은 볼, 이마, 턱에 영구 문신을 해야 했는데, 부족의 신원을 확인하고 귀신을 물리치는 용도였다. 대부분의 중년 여성이 이런 문신을 했지만, 시골에서는 젊은 여성도 문신을 한 것을 볼 수 있다. 이슬람교에서 문신은 금지되어 있지만 초기 문화적 전통이 종교와 어떻게 공존해왔는지 보여주는 예다.

【 모로코 모자 】

세계 다른 지역과 마찬가지로 모로코에서도 야구 모자가 인기지만, 특히 언급할 만한 모자로는 전통 모자 몇 가지가 있다. 페즈 또는 타부슈는 펠트제의 둥근 모자로 윗부분이 납작하고 차양이 없는데, 요즘 들어 모습을 감추고 있다. 의례용 모자로 공무원 또는 왕이 대중에게 공개되는 인물 사진을 찍을 때 썼다. 유래는 분명하지 않으나 19세기에 오스만 제국의 통치를 받지 않은 다른 지역에서 유명해졌다. 페즈라는 이름은 상징적인 진홍색 염색제가 만들어진 도시 페즈에서 유래한 것으로 알려져 있다. 오늘날 대부분의 이슬람 세계에서 페즈는 억압하는 집단(오스만 투르크)이 쓰는 모자라고 알려져 있다.

터번은 대부분 시골 지역의 남성들이 쓰는데, 색깔로 어떤 부족에 소속되어 있는지 알 수 있다. 스컬캡은 윗부분이 약간 납작한데 대개 근본주의자(코밑수염이 없는 수염으로 분별할 수 있다)와 관련되어 있는 경우가 있지만 다른 사람들도 착용할 수 있다.

하지만 가장 중요하고 눈에 띄는 것은 여성들이 쓰는 모자다. 히잡은 전 세계적으로 논란의 중심에 있는데, 많은 이슬람교 여성들이 의무적으로 착용해야 하는 것으로 알려져 있다. 『코란』해석에 차이가 있는데, 일부는 여성이 머리를 덮어야 한다고 해석하고 다른 일부는 단정하기만 하면 된다고 해석한다. 어느 쪽이든 모로코에서 히잡은 착용을 원하지 않는 사람들에게까지도 존중받고 있다. 일반적으로 머리, 귀와 목을 가린다. 히잡으로 가끔 머리를 가리는 모로코 여성이 있는 반면 항상 머리 선을 따라 히잡을 두르고 핀으로 단단히 고정하고 다니는 여성도 있다. 그들은 때로는 청바지 위로도 긴 셔츠나 치마로 엉덩이를 가리는 등 옷도 단정하게 입는다.

모로코에서 여자아이가 히잡을 착용할지 안 할지는 그 아이와 때로는 그 가족에게 전적으로 달렸다. 히잡을 착용한다고 한 아이들은 대부분 10대 중반부터 착용하지만 결혼하고 나서야 착용하는 여성들도 있다. 일반적으로 한 번 착용하면 계속 착용하게 된다.

생활양식의 일부가 된 흥정

흥정은 모로코에서 살아가는 방식 중 하나다. 유럽인들과 미국인들은 당근, 휴대폰, 의류 등 모든 것을 흥정할 수 있다는 것을 보고 놀라는 경우가 많다. 모로코인들에게 흥정은 예술 행위, 게임 그리고 사회적 교류 수단이다. 물건을 구매하고 바가지를 쓴 느낌이 든다면 그것은 흥정을 제대로 하지 못한 그 사람의 잘못이다. 좋은 거래를 하기 위해 몇 가지 흥정 규칙을 알아두는 것이 중요하다.

관광객이 자신의 가게를 향해 걸어오는 것을 보는 순간 모로코 가게 주인은 물건을 팔 생각부터 한다. 실제로 구매하고 싶은 물건에 관심을 너무 많이 보이지 않는 것이 중요하다. 대신에 가격이 조금 덜 비싼 물건에 관심을 보여 대충 가격이 얼만지 파악해야 한다. 아랍어를 구사하거나, 당신의 직업 혹은 모로코에서 무엇을 하고 있는지 말하는 것이 도움이 될 것이다. 모로코에 거주하는 외국인들은 일반 모로코인들보다는 부유하다고 여겨지지만 관광객들보다는 싼 값에 물건을 살 수 있고 때로는 모로코인들이 사는 가격으로 살 수도 있다.

조금 더 싼 물건의 가격을 들었다면 조금 더 둘러보고 실제로 구매하고 싶은 물건의 가격을 무심코 물어보라. 가게 주인은 자신이 실제로 받을 가격의 두세 배를 부를 것이다. 하지만 걱정하지 않아도 된다. 물건의 품질을 따져보고 주인이 부른 가격의 반 또는 3분의 1을 제시해보라. 가게 주인은 망설일 것이고 구두쇠라고 비꼬거나 베르베르족 같다고 할 수도 있다. 베르베르족이 사정없이 깎는 것으로 유명하기 때문이다. 주인의 기분을 상하게 하지 않았다면 그는 아마 가격을 조금 낮춰

줄 것이다. 그렇다면 당신이 처음 제시한 가격보다 조금 올려 보는 것도 좋다. 이 과정을 여러 번 반복하다 주인이 팔려고 하는 가격에 가까워지면 그는 아마 당신의 최저 가격을 물어 볼 것이다. 당신은 그러면 정말 최저 가격을 말해도 되고 그것 보다 조금 더 낮은 가격을 말해도 된다. 아마 들어줄 것이다. 주인은 거래에 합의를 보기 전에 이미 물건을 포장하고 있을 것이다. 이때 마지막으로 조금 더 깎으면 그도 똑같이 시도할 것이다. 합의를 보면 거래가 끝나고 대량 구매를 한 경우 민트 차 한 잔을 제공할 수도 있다.

기념품, 가정용품 및 의류 쇼핑을 하는 경우 흥정이 필요하다. 식료품 가게에서도 흥정이 가능한데, 아마 대량으로 구매

해야 가능할 것이다. 일반적으로 라벨이 붙어 있는 경우 정찰제로 판매되지만 물어봐서 손해 볼 건 없다.

상인들과 친해지는 것도 좋은 방법이다. 좋은 가격에 물건을 구매할 수도 있고, 다른 상품을 파는 그들의 친구를 통해 어떤 특별한 물건을 찾을 때 더 쉽게 구할 수 있다.

당신이 이용당한다고 느껴질 때 너무 화내지 않는 것이 좋다. 모로코에 사는 외국인들은 모로코인들이 물건을 사는 가격에 물건을 살 권리가 있다고 느끼고 실제로 그 가격에 살 수 있는 방법이 분명히 있다(상인들과 친해지거나 모로코 친구들과 함께 쇼핑을 하면 된다). 하지만 대부분의 모로코인 입장에서 외국인은 모로코 중산층과 동등하다. 그렇기 때문에 그들도 인생에 한 번 있을까 말까 한 거래를 할 이유가 없는 것이다. 모로코 중산층처럼 당신의 생활을 유지하는 데 돈이 조금 더 많이 든다는 것을 받아들이는 편이 더 쉬울지도 모른다.

생활 수준

모로코 도시의 주거 형태는 2가지로 나뉘는데, 메디나 주택과

빌 누벨 아파트 또는 빌라가 그것이다. 대다수의 외국인은 편의상 빌 누벨을 택한다. 두 주거 형태의 가장 큰 차이는 메디나 주택들은 복구되지 않아 서양식 편의시설이 없다는 점이다. 두 주거 형태 모두 가구나 가전제품이 비치되어 있지 않다는 점을 알아둬야 한다.

일반적인 메디나 주택은 크고 별 특징 없는 문이 있다. 안으로 들어가면 호화로운 대저택 또는 평범한 방이 나오는데, 보통 1층이나 2층으로 비대칭으로 지어졌으며 현대적인 편의시설이 없을 가능성이 높다. 일반적으로 메디나에 있는 주택 화장실은 재래식 혹은 터키식이며 수도시설이 안정적이지 않을 수 있다. 도시의 빌 누벨에 위치한 아파트는 꽤 크고 거실이나 침실 용도의 방이 여러 개 있다. 붙박이장이 있을 수도 있고 없을 수도 있다(전통적으로 모로코 집에는 붙박이장이 없다). 서양식 화장실과 욕조 또는 샤워시설이 있을 가능성이 높다.

갈수록 더 많은 외국인이 페즈와 마라케시의 메디나 주택을 매입하여 개조하고 있다. 일부는 게스트하우스로 개조되고 다른 일부는 개인 용도로 쓰인다. 개조에 많은 돈이 들긴 하지만 메디나에 장기간 거주한 사람들은 그들이 선택한 생활방식에 만족한다.

　　가장 중요하게 생각되는 부분은 손님 접대다. 일반적인 모로코 집에는 평상시에는 사용하지 않지만 손님 접대용으로 사용하는 방이 있다. 또 다른 방에는 텔레비전을 놓고 가족들이 사용한다. 당신이 가족 구성원의 친한 친구라면 식사 대접을 받을 때 이 방으로 안내받을 것이다.

　　시골에서는 이야기가 다르다. 가족의 사회적 지위나 부유함에 따라 방이 1개에서 여러 개까지 있을 수 있다. 시골의 집은 보통 진흙 벽돌이나 점토로 지어졌고 도시의 집들과 비슷하게 긴 의자와 쿠션 등의 가구가 비치되어 있다.

【 가구 및 가전제품 비치 】

모든 모로코 가정에 텔레비전과 위성 안테나가 있다고 해도 과언이 아닐 것이다. 더 나아가 어떤 가전제품을 사용하는지 보는 재미도 쏠쏠하다. 모로코 가정에서는 음식 준비를 위해 화구가 3개 정도 달린 가스레인지를 사용한다. 또한 온수 가열기를 가스, 냉장고, 작은 세탁기와 연결해 사용한다. 헤어드라이어에서 평면 텔레비전까지 유명 브랜드 및 모조품을 모두 구매할 수 있다.

모로코 집은 일반적으로 가구가 일정하게 비치되어 있다. 긴 의자는 중앙에 놓인 낮은 식사용 테이블과 방의 둘레에 맞

게 제작된다. 전통을 더 따르는 집에는 침실이라고 특별히 정해진 방이 없고, 긴 의자에 앉기도 하고 자기도 한다. 모로코 양탄자 킬림은 바닥을 덮기 위해 깔아 놓은 것이다.

전통적으로 모로코

인들은 지정된 침실이 없고 일반적으로 긴 의자가 비치되어 있는 방이면 어디에서든 잠을 잘 것이다. 도시에 거주하는 사람들은 대다수 침실이 있다. 침대는 수크(상점)에서 맞춤 제작하거나 가구점에서 구매할 수 있다. 방 안에 붙박이장이 없는 경우가 많지만 수크에서 옷장과 선반을 구매할 수 있다.

일상생활

모로코 사회는 빠르게 변화하고 있고 최소한 도시에서는 성역할도 더 유연해지고 있다. 전통적으로 남성이 가족을 보호하고 돌보는 역할을 전담한다. 안정적인 직장과 집을 구하기 전에는 남성들이 결혼을 거의 하지 않는 것을 보면 잘 알 수 있다. 여성들은 관례상 요리, 청소, 자녀들의 교육을 포함한 가정과 가사를 맡는다.

일상은 가족 중심으로 돌아간다. 부모와 아이들은 점심을 먹기 위해 집으로 돌아오고 집 안에서 노는 것이 일반적이다. 특히 여름에는 사람들이 잠을 거의 자지 않는다. 가족 전부가 저녁 11시에 밖에서 산책하는 것을 흔히 볼 수 있고 젊은 남성들은 밖에서 밤을 새곤 한다. 일반적으로 하루는 오전 6시에서 8시 사이에 시작하고 9시가 되면 거리와 메디나는 사람들로 꽉 찬다.

대부분의 젊은 모로코 여성들은 교육의 혜택을 받았고, 일하는 삶을 선택한다. 그렇다고 해도 모로코 여성들의 활동 분야는 집이다. 그녀의 직업이 무엇이든 집 안을 열심히 가꾸는 경향이 있다. 모로코 집 안의 방들은 띄엄띄엄 가구가 배치되어 있고 바닥은 타일이 붙여져 있어 청소하기 쉽다. 양동이 물에 표백제와 비누를 섞어 바닥에 뿌리고 빗자루로 문질러 씻은 후 고무 청소기로 닦는다.

【 도시생활 】

더 큰 기회를 찾아 이주해오는 시골 사람들로 인해 모로코 도시들은 급속도로 팽창하고 있다. 교양 있는 젊은 세대의 요구를 충족하기 위해 소규모 도시에도 서양식 슈퍼마켓, 고급 아파트, 영화관 및 다양한 오락시설이 들어서고 있다.

외국인들은 주로 도시에 거주하는데, 도시에 사는 모로코인들도 이에 많이 익숙해졌다. 전국적으로 생기는 서양식 슈퍼마켓 외에도 모로코에서 구할 수 없는 애완동물 식품 및 땅콩

잼 같은 상품을 파는 에피세리(식료품점)도 외국인들을 상대로 영업을 해왔다. 대도시마다 프랑스어 수업과 문화 행사를 여는 프랑스 문화원도 있다.

주요 도시인 카사블랑카에는 특히 슬럼가 혹은 비동빌 출신 이주자들이 밀려들어 왔다. 도시 외곽에 위치한 비동빌은 이주자들이 경찰을 피해 밤사이에 임시 피난처로 지어진 곳이지만 결국에 장기적으로 머무르게 된 곳을 일컫는다. 특히 관광객들이 많이 찾는 소규모 도시에 이러한 비동빌이 많아지고 있다.

【 농촌생활 】

블레드라고 불리는 농촌 지역, 그중에서도 특히 남부 지역은 도시의 바쁜 삶과는 대조적인 모습을 보인다. 여기에서는 옥상에 위성 안테나가 달린 집을 흔히 볼 수 있지만, 그럼에도 세대 간 삶은 변하지 않았다. 마을은 농사로 유지되고 가족 중 일부는 대도시로 떠나 집에 돈을 부쳐주는 경우가 있다.

아직까지는 일반적으로 베르베르어가 블레드 지역의 공통어이며 그들은 대부분 자기 자신이 베르베르족이라고 말한다. 이곳에서는 초등학교 이상의 교육을 받은 여성이 거의 없고,

흔히 중매를 통해 결혼을 한다. 이밀쉴 마을에서는 해마다 미혼 남녀를 소개하고 짝을 지어 약혼을 올리는 축제를 열기도 한다.

처음에는 외국인을 두려워하는 시골 사람들도 알고 보면 친절하고 따뜻하다. 시골 사람들과 같이 지낼 기회가 있다면 절대 놓치지 마라. 블레드 사람들은 도시 사람들보다 미신을 더 믿기 때문에 사진을 찍기 전에 꼭 물어보고 찍어야 한다.

은행

모로코 은행제도는 프랑스의 제도에 근거하며 최근에 크게 개선되었다. 알마그리브 은행(모로코 중앙은행)은 국영이며, 통화를 발행할 수 있는 유일한 은행이다. 시중 은행도 20개 이상 있다. 외국인 거주자들은 개인 은행 계좌를 개설할 수 있고 이 과정에서 은행은 다양한 서류를 요구할 것이다. 체류증, 여권, 주택이나 아파트 임대 서류 복사본 등 거주 증명서 등은 꼭 필요하며, 그 밖에 필요한 서류는 매번 바뀔 수 있다. 계좌를 개설하고 싶다면 은행 지점장과 미리 상담하는 것이 중요하다.

혼자 살기

모로코인들에게 독거는 굉장히 생소한 개념이며 이상적이지도 않다. 가족과 떨어져 일하는 미혼 남성을 제외하고는 혼자 사는 사람을 보기 드물 것이다. 그렇기 때문에 만약 혼자 살게 된다면 메스킨이라는 단어를 많이 듣게 될 텐데, 이는 '불쌍한 것'을 뜻한다. 친절한 모로코인들은 누구든 혼자 밥을 먹게 내

버려 두지 않기 때문에 좋은 점으로 작용할 수도 있다. 식사가 끝나면 하룻밤 자고 가라고 권유할 수도 있는데, 불편하다면 정중하게 거절할 수 있다. 하지만 하룻밤 자고 가라고 권하는 것은 진심 어린 마음이 분명하다. 동료, 이웃, 심지어 모르는 사람들의 집에도 초대받을 수 있고 라마단 기간에는 더 많은 사람이 초대를 할 것이다.

복잡한 절차

모로코에서 살면서 가장 귀찮고 피해갈 수 없는 부분은 불필요한 절차인데, 외국인 신분으로 은행 계좌를 개설하고, 근로계약서를 작성하고, 거주권을 얻으려면 꼭 거쳐야 하는 관문이다.

필요 서류가 시시각각 변하기 때문에 고용주에게 미리 연락하여 필요 서류에 대해 구체적으로 알아보는 것이 좋다. 학사 학위 원본도 챙겨가야 한다. 또한 아파트 임대 서류나 근로계약서를 포함하여 서명하는 모든 서류의 원본을 반드시 받아야 한다. 모로코인들은 이러한 절차에 익숙하고 이에 불만을 표해도 받아줄 것이다. '이것이 인생!'이라는 태도 중 하나다. 모로코 공무원들은 사무적이거나 친절하거나 둘 중 하나인데, 예의를 갖춰 행동한다면 그들도 당신을 도와주려고 할 것이다.

한국인들은 3개월까지 비자 없이 체류할 수 있다. 그 후에는 체류증을 반드시 받아야 한다. 체류증 신청에 필요한 서류가 자주 바뀌기 때문에 도착하고 일주일 내에 동네 경찰서에 가서 확인하는 것이 좋다. 일반적으로 프랑스어나 아랍어로 번역된 학위 졸업장, 건강 증명서 및 자국에서의 범죄 기록 등이 필요하다. 모로코 업무 진행이 더디고 예외를 허용해주는 경우가 거의 없기 때문에 필요한 서류 준비에 서둘러야 한다. 그렇지 않으면 페리를 타고 스페인으로 가야 할 수도 있다.

06

여가생활

혼잡하고 소란스러운 페즈 또는 마라케시를 보고 있으면 모로코가 빠른 속도로 움직이는 나라처럼 보일 수 있다. 하지만 실제로 모로코인들은 휴일, 방학, 긴 점심시간을 굉장히 중요하게 생각한다. 가족과 함께 더 많은 시간을 보낼 수 있기 때문이다.

혼잡하고 소란스러운 페즈 또는 마라케시를 보고 있으면 모로코가 빠른 속도로 움직이는 나라처럼 보일 수 있다. 하지만 실제로 모로코인들은 휴일, 방학, 긴 점심시간을 굉장히 중요하게 생각한다. 가족과 함께 더 많은 시간을 보낼 수 있기 때문이다. 직장보다 가족이 우선시되기 때문에 고용주들은 휴일에 대해 상당히 너그러운 편이다.

카페 문화

모로코의 시골 마을에는 카페가 적어도 1개씩은 있다. 그에 반해 도시에는 사람보다 카페가 더 많은 것 같다. 프랑스의 웅장한 카페들을 기반으로 한 이곳의 카페는 남자들이 하루를 시작하고 끝내며, 신문을 읽고, 카페오레나 일반 커피를 마시고, 맛있는 페이스트리를 먹고, 셀 수 없이 많은 담배를 피우는 곳이다.

　오늘날 규모가 큰 도시에서는 여성들이 들어갈 수 있는 카페가 많아지고 있다. 여성들이 혼자 카페를 가거나 심지어 담배를 펴도 전혀 이상하지 않다는 인식이 확산되고 있다.

성별에 상관없이 모로코
인 친구들과 카페를 가게
되면 돈은 꺼내지 않는 것
이 좋다. 원래 커피를 마시
러 가자고 한 사람이 손님
을 위해 돈을 내는 것이 관
례인데, 일부 모로코인들은
당신이 커피를 마시러 가자
고 했어도 당신을 손님이라

고 생각한다. 돈을 내려고 고집을 부리면 무례한 것이고 종업
원에게 슬쩍 돈을 내는 것은 더 무례한 것이다. 커피는 싸니까
웃으면서 슈크란(감사합니다)이라고 말하는 것이 가장 좋다.

이슬람 국가에서 술은 금지되어 있기 때문에 술을 마시려
면 몰래 마셔야 한다. 하지만 대도시에는 술집이 널려있고 창
문이 없는 문 위로 플래그 스페샬레 혹은 스토크 맥주 로고
를 찾기만 하면 된다. 이러한 지저분한 술집은 남자들이 주로
찾으며, 내부에 있는 여성들은 아마 매춘부일 것이다. 술을 마
시고 싶다면 외국인과 모로코인이 모두 술을 마실 수 있고 분
위기가 좋은 호텔들을 찾아가면 된다. 카사블랑카, 라바트, 탕

헤르, 마라케시 등 대도시에는 외국인과 젊은 모로코인들이 주로 찾는 분위기 좋은 술집들이 점점 많아지고 있다. 도시에서는 슈퍼마켓과 작은 상점에서 술을 쉽게 구할 수 있다.

산책

하루 업무가 끝나고 해가 지기 시작하면 모로코인들은 저녁 산책을 하러 거리로 나온다. 남녀 모두 친구를 만나고 아이쇼핑을 하고 이성을 만나는 시간이다.

대부분의 도시에서는 빌 누벨의 넓은 거리에 사람들이 가장 많겠지만 메디나도 산책하기 좋은 장소다. 가게 주인들이 문을 닫기 전 마지막으로 매출을 올리기 위해 물건을 최저 가격으로 팔기 때문에 이것도 하나의 즐거움이 될 수 있다.

오락

대도시에 머무른다면 무엇을 하고 놀지 걱정하지 않아도 된다.

규모가 큰 도시들에는 문화 및 음악 행사를 개최하는 프랑스 문화원이 있다. 또한 건물 벽면에 붙은 광고물을 보고 다른 공연들을 보러 갈 수도 있다. 모로코에서 힙합이 큰 인기를 끌고 있는데, 관심이 있다면 다양한 라이브 쇼를 즐길 수 있다. 서양의 고급문화는 주로 카사블랑카와 라바트에서만 즐길 수 있지만 클래식부터 아랍 대중가요, 샤비 등 아랍이나 모로코 음악 연주회는 어디서든 관람할 수 있다. 마라케시에는 굉장히 멋진 로얄 극장이 있는데, 새로 지어졌지만 마라케시 고대 건물들의 건축 양식을 잘 보여준다. 극장에서는 셰익스피어 작품, 순회 극단 공연, 모로코 댄스와 음악 공연 그리고 심지어

어린아이들의 발표회까지도 관람할 수 있다.

【 극장 】

모든 모로코 도시에는 1개 이상의 극장이 있고, 규모가 더 큰 도시에는 남녀가 모두 찾는 극장들이 많다. 대부분의 할리우드 영화들이 프랑스어로 더빙되기 때문에 영어 사용자들을 위한 영화는 많지 않다. 하지만 할리우드 블록버스터, 발리우드와 모로코의 영화들을 모두 볼 수 있고 비용도 저렴하기 때문에 오후를 즐길 수 있는 방법 중 하나다.

【 텔레비전과 DVD 】

영어 사용자들은 다른 곳에서 다양한 영화를 즐길 수 있다. 위성 텔레비전은 일시불로 상대적으로 낮은 가격에 구매할 수 있고, 다양한 언어로 제공되는 수백 개의 채널을 제공하기 때문에 비용을 들일 가치가 있다. 모로코 대표 방송 2M과 다수의 유럽 채널들이 원어로 할리우드 영화를 상영하고 다른 채널에서는 영어로 시트콤, 뉴스, 스포츠 방송을 상영한다. 전 세계의 영화를 해적판 DVD로 시청할 수 있는데, 비용도 저렴하고 쉽게 구할 수 있으며 대부분의 시스템과 호환 가능하다.

【 밤의 유흥 】

모로코는 이슬람 국가이기 때문에 사람들이 밤의 유흥을 즐기러 오는 곳은 아니다. 그렇기 때문에 대도시를 벗어나면 밤에 유흥을 즐길 수 있는 곳이 많지 않다. 규모가 작은 도시나 마을은 밤 9시나 10시가 되면 영업을 종료하고 이 시간 이후로 거리에 있는 여성들은 원치 않는 관심을 받게 될 것이다. 카사블랑카, 라바트, 마라케시에 사는 사람들의 경우 이야기가 달라진다. 소규모 도시에 사는 외국인들은 밤에 유흥을 즐기기 위해 이런 대도시로 여행을 온다. 이곳에는 외국인들과

모로코 부르주아들이 춤을 추며 밤을 보내는 전형적인 서양식 나이트클럽이 있다. 사람들은 대개 격식을 차린 복장을 입는데, 남자는 넥타이를 매야 할 수도 있고 청바지는 금지될 수도 있다. 꼭 금지 사항이 아니어도 청바지를 입은 모로코인을 찾기란 어려울 것이다. 가장 좋은 옷을 골라 입고 찾아갔을 가능성이 높기 때문이다. 이런 곳에서는 일반적으로 다양한 음악을 틀어놓는데 테크노, 힙합 그리고 샤비가 가장 인기다.

이런 일반적인 서양식 나이트클럽이 있는 반면 남자들만 주로 찾는 소규모 나이트클럽이 있다. 모든 대도시에서 찾을 수 있고, 메크네스 같은 작은 도시에서는 이런 곳에서만 밤의 유흥을 즐길 수 있다. 어떤 곳에서는 벨리 댄서를 볼 수 있다. 댄서들의 춤 실력은 훌륭하지만, 모로코 전통 춤은 아니라는 점을 알아둬야 한다. 댄서들을 제외하고 이 클럽에 있는 여성들은 매춘부이거나 외국인이다. 매춘부들은 보통 평범한 서양식 옷을 단정하게 입고 있기 때문에 이런 클럽에서 모로코 여성이 다가온다면 주의해야 한다.

음식과 음료수

모로코 요리는 다양한 문화의 영향을 받아 풍성하고 다채롭다. 고기는 양념이 잘 배어 있고 기름기가 없으며, 채소는 신선하고 풍부하며, 모든 재료에 향신료가 곁들여진다. 모로코 요리는 손이 많이 가는 편이고 꼼꼼하게 준비하는 것은 물론 보기 좋게 차려진다.

소고기, 양고기, 닭고기를 주로 먹으며 이는 다양한 요리에 사용된다. 비둘기고기도 먹을 수 있고 해안 도시의 해산물도 놓치지 말아야 한다. 고기는 돼지고기를 금하는 이슬람의 할랄 규정을 따라 준비된다. 돼지고기 요리는 관광 중심 도시나 서양식 슈퍼마켓에서만 찾을 수 있다.

　쌀, 세몰리나는 다양한 요리에 사용되며 대부분 집에서 키운 제철 농작물을 사용한다. 큐민, 샤프란, 파프리카, 생강, 시나몬, 홍고추, 후추와 혼합 향신료를 일컫는 라스 엘하누트('매장에서 가장 좋은'을 뜻한다) 등 다양한 향신료를 사용한다.

　일반적으로 모로코 식사는 가볍게 올리브 혹은 찐 채소로 만든 샐러드, 빵 그리고 차가운 음료로 시작한다. 그다음으로 큰 냄비 혹은 타진에 메인 코스가 나온다. 모로코인들은 메인 요리를 수저나 손으로 먹거나 개인 접시에 덜어 먹을 것이다. 메인 요리를 다 먹고 접시를 치우면 식탁 위에 다양한 과일들과 민트차가 제공된다. 과자가 곁들여질 때도 있다.

【 아침(알프토르) 】

모로코에서는 기분 좋은 아침식사를 할 수 있다. 다른 사람의
집이나 카페에서 아침을 먹는다면 다음과 같은 음식을 맛볼
수 있을 것이다.

바그리르

팬케이크의 일종으로, 한쪽은 부드럽고 다른 한쪽은 구멍이
숭숭 나 있다. 세몰리나와 밀가루로 만든 이런 음식은 꿀이나
설탕을 곁들여 먹으면 가장 맛있다.

하르샤

세몰리나로 만들고 발효시키지 않은 두꺼운 팬케이크로, 꿀이

나 크림치즈를 곁들이거나 뜨거울 때 먹어야 가장 맛있다. 곳곳에 하르샤를 파는 가판대가 있다.

밀위

밀가루로 간단하게 만든 팬케이크로, 꿀을 곁들여 먹거나 양파와 향신료를 채워 먹기도 한다. 하르샤와 나란히 판매된다.

쁘띠 빵

프랑스 고유의 음식으로, 모로코 아침식사에서 볼 수 있는 대부분의 프랑스 페이스트리를 일컫는다. 일반적으로 쁘띠 빵은 반죽을 얇게 겹쳐 굽고 따뜻할 때 먹어야 가장 맛있다.

마락시아

미들아틀라스 지역에서 흔히 먹는 음식으로 겉에 초콜릿을 바르고 안은 크림으로 채운 무거운 페이스트리다. 맛있고 중독성 있다.

【점심과 저녁】

모로코인들은 보통 점심을 집에서 먹는다. 하지만 외국인과 직장인들을 상대로 이 시간에 영업하는 식당들도 많다. 점심은 하루 중 가장 큰 비중을 차지하는 식사이고, 저녁은 가볍게 먹는 편이다.

하리라

걸쭉하고 매운 하리라는 토마토를 기본으로 면, 병아리콩과 다른 제철 재료 등을 사용해 만든다. 라마단 기간에 매일 금

식을 종료할 때 먹는데, 평소에도 애피타이저나 늦은 식사로 먹는다.

쿠스쿠스

모로코 국민 음식이라고 해도 과언이 아닌 쿠스쿠스는 전통적으로 금요일 점심에 먹는 음식이다. 남성들이 사원에 가서 기도하는 동안 여성들이 집에서 음식을 준비하고, 가족이 모여 함께 먹는다. 모로코 쿠스쿠스는 세몰리나에 채소와 고기를 올려 먹는다. 먹는 방식이 다양한데, 일반적으로 덩이줄기와 호박을 비롯한 7가지 채소와 닭고기, 소고기, 생선과 함께 먹는 편이다. 닭고기, 시나몬, 건포도와 함께 요리해서도 많이 먹는다.

타진

타진은 진흙으로 구워 만든 둥근 조리 용기인데, 테두리 폭이 넓고 원뿔 모양의 뚜껑이 있다. 쿠스쿠스를 제외하고 타진 용기에 조리하면 음식 이름도 타진이 된다. 타진은 걸쭉한 죽인데 토마토를 기본으로 고기와 다양한 채소가 들어간다. 사람들은 흔히 토마토, 케프타(양념된 미트볼), 계란과 많이 먹는다. 레

몬, 닭고기, 올리브와 먹는 경우도 있다.

파스티야

파이의 일종으로, 달달하고 맛있다. 반죽을 얇게 겹쳐 안을 비둘기고기와 아몬드로 채우고 시나몬과 후추로 양념을 한다. 파스티야는 특별한 날에 먹는 음식이지만 여러 식당에서 사전에 주문할 수 있다.

【 식당 】

대부분의 모로코인은 집에서 가족과 함께 식사하는 것을 선호한다. 하지만 그렇다고 식당이 없는 것은 아니다. 심지어 아주 작은 마을에도 점심을 먹으러 집까지 갈 수 없는 사람들을 위한 식당이 있다. 카사블랑카, 라바트, 마라케시는 세네갈식, 스시, KFC 등 다양한 식당들로 가득 차 있다. 다른 대도시

에도 다양한 식당이 있으며, 프랑스 음식은 어디서나 찾아볼 수 있다.

외식을 하는 경우 애피타이저나 메인 코스 전에 올리브, 차가운 채소나 샐러드, 다른 아랍 국가에서 많이 먹는 피타 빵과 달리 발효된 둥글넓적한 빵 쿠브즈가 제공될 것이다. 대부분의 식당 메뉴판은 프랑스어로 제공된다. 음식은 고기(비앙드) 종류로 분류되는데, 풀레(닭고기) 혹은 뵈프(소고기), 아뇨(양고기) 등이 있다. 식사 후에 때로는 디저트가 나오는데 보통 커피나 민트차 한 잔을 마시면서 식탁에서 오랜 시간을 보낸다.

【거리 음식 】

모로코는 간식을 즐기는 문화가 있다. 거리의 가판대에서 다양한 간식거리를 맛볼 수 있다. 이런 음식을 먹지 않고서는 외출을 완벽하게 마무리했다고 할 수 없다.

견과류

아몬드, 병아리콩, 해바라기씨, 땅콩 등은 쉽게 구할 수 있고 많은 사람이 즐겨 먹는다. 사이버 카페 컴퓨터 키보드 위에 견과류 껍데기를 놓고 가는 청소년들이 골칫거리이기도 하다.

마코다

마코다는 튀긴 감자볼로, 매운 편이고 다른 어느 나라에서도 찾아볼 수 없는 음식이다. 저렴한 식당에서 애피타이저로 빵과 함께 먹을 수 있다.

꼬치구이

모로코 전역에서 꼬치에 끼워 구운 고기를 맛볼 수 있다. 케프타, 양고기, 닭고기, 매운 메르게즈 소시지 등 여러 종류가 있고 빵과 함께 제공된다.

【 술 】

이슬람 국가지만 술을 쉽게 구할 수 있고 모로코에서 생산되기도 한다. 수입산 술과 맥주를 구매하려면 높은 할증료를 지불해야 한다. 와인은 남부와 북부에서 모두 생산되며 다양한 와인을 생산하는 레 셸리에르 드 메크네스가 가장 유명하다. 그중 게루안느 루즈가 특히 유명하다.

맥주도 국내에서 양조된다. 플래그 스페샬레, 스토크, 카사블랑카 등이 있는데 마지막 것이 가장 맛있다. 하이네켄도 현지에서 양조된다. 암스텔과 코로나도 쉽게 구할 수 있다.

【 뜨거운 음료 】

커피는 모로코 문화의 큰 부분을 차지한다. 대부분의 카페에서 맛있는 에스프레소를 맛볼 수 있다. 집에서는 가스레인지를 사용해 인스턴트 커피를 타 먹거나 커피메이커로 커피를 내려 먹는다. 모로코인들은 항상 커피를 달게 먹는데 우유를 넣는 경우 취향껏 넣는다.

아랍어	프랑스어	설명
카흐와 카헬라	카페 누아 카페 노멀	블랙커피
카흐와 메르사	카페 카세	커피와 우유 한 방울
누스누스		커피 반 우유 반
카흐와 할립	카페 오레 카페 크림	커피와 우유

하지만 국민 음료는 민트차다. 중국산 건파우더 녹차를 신선한 민트 잎과 함께 내려 다량의 설탕과 함께 제공한다. 모로코 아랍어로 아타이라고 부르며 카펫 가게 주인이 영업을 할 때나 카페, 집, 어디서든 내올 수 있다. 그런데 갑자기 충치에 대한 걱정 때문인지 일부 모로코인들은 설탕 없이 내오기 시작했다.

【 찬 음료 】

세계 다른 지역과 마찬가지로 모든 골목과 식당에 코카콜라(코카라고 부른다)가 있다. 환타, 사이다, 라이트 콜라(다이어트 콜라의 유럽 버전)도 언제든지 마실 수 있고 코카콜라의 폼(사과 소다)과 하와이(열대 과일 맛 소다)도 인기를 끌고 있다.

모로코의 대부분 지역, 특히 미들아틀라스와 리프 지역의 수돗물은 안전한 편이고 짧은 적응 기간을 가진 후 마셔도 된다. 그동안에는 병에 든 생수를 마시면 되는데, 종류가 다양하다. 시디 알리, 시디 하라젬, 시엘이 가장 인기다. 맛이 좋은 천연 탄산수 울메스도 있다.

오렌지, 포도 등 주스도 흔히 마시는데 카페에서는 갓 짠 신선한 주스로 제공한다. 사과 등 다른 과일 주스는 쉽게 구할 수 있다. 우유는 다양한 브랜드가 있는데, 자우다와 살림이 가장 인기다. 전통적으로 냉장 상태로 판매하지만 개봉 전까지는 냉장 보관이 필요 없는 멸균 우유도 인기다. 레벤은 맛있는 버터밀크인데 신선한 상태로 미리 포장해서 판매한다. 튼튼한 위를 가지고 있지 않다면 후자를 먹길 바란다.

· 팁 ·

팁은 모로코 문화의 중요한 부분을 차지한다. 종업원, 호텔 직원 등은 간신히 생계를 유지할 정도의 수입으로 살아가기 때문에 그들이 좋은 서비스를 제공한다면 그에 대한 보상을 해야 한다. 식당에서는 청구 금액의 10~15%를 팁으로 주는 것이 적절하고, 카페에서는 1~5디르함 정도가 적절하다. 여행 가이드, 주차요원, 하맘 마사지사와 사소한 서비스를 제공하는 사람에게는 약간의 팁을 주면 된다.

메크네스처럼 규모가 작은 도시에서는 택시 기사들이 짧은 거리에 대해 기본요금보다 적은 요금을 요구할 수도 있는데, 이럴 때는 소소한 팁을 얹어서 주는 것이 좋다. 외국인 손님을 대하는 게 익숙한 대도시에서는 비율에 따라 팁을 주는 것이 가장 좋을 것이다.

쇼핑

모로코는 쇼핑객들을 위한 지상낙원이고 훌륭한 양탄자와 수공예품 외에도 구매할 것이 많다. 메디나 혹은 수크에서 쇼핑한 것을 들고 가려면 택시를 타야 할 정도다. 다행히도 모로코는 물가가 비싸지 않고 연습하면 현지인처럼 흥정도 할 수 있을 것이다.

단 한 번으로 쇼핑을 끝낼 생각을 하면 안 된다. 가게 주인들은 차를 마시고 가라고 권할 것이고 물건을 팔기 위해 끈질기게 다가오기도 하지만 대부분은 당신을 기쁘게 하려고 할 것이다. 손님의 기분이 좋으면 재방문할 가능성이 높기 때문이다.

수크는 가사용품에서 수제 가구까지 다양한 상품을 파는 가게들이 무리 지어 있는 것을 일컫는다. 도시에는 수크가 일반적으로 상설 매장이고, 메디나 벽 외곽이나 미로 같은 거리에 있다. 마을에 일주일에 한 번씩 돌아다니는 수크가 오는데 어느 요일에 오는지는 물어보면 된다.

가죽 제품은 모로코 전역에서 구매할 수 있지만 페즈와 마라케시에서 생산되고 이곳에서 가장 저렴한 가격에 구매할 수 있다. 가죽 품질이 훌륭하고 저렴한 편이지만 버클이나 다른 금속 부분을 유심히 봐야 한다. 금으로 된 장신구도 상대적으로 저렴하다. 은으로 된 장신구는 일반적으로 베르베르족이 만들고, 이들이 만든 장신구는 관광객들에게 인기가 좋다. 주로 남부 지역에서 생산되며 가장 저렴한 가격에 살 수 있다. 이 밖에도 살레와 사피에서 만든 도자기, 기성복이나 맞춤 제

작한 전통 의상, 타악기와 현악기 등 다양한 전통 음악 악기도 인기가 있다.

　마지막으로 카펫을 사지 않으면 모로코를 여행했다고 할 수 없다. 모로코 카펫은 넓고 아무것도 안 덮인 바닥을 따뜻하게 만들 수 있어 전 세계적으로 인정받고 있다. 카펫을 살 때 아주 끈질기게 흥정해야 할 수도 있는데, 여기서 팁은 작은 카펫으로 시작하라는 것이다. 동네에서 유명한 카펫 거래상을 찾고 여러 번 민트차를 마시며 그를 알아가야 한다. 처음에는 작고 저렴한 카펫으로 시작하는 것이 좋다. 가게 주인들은

재방문하는 손님들을 좋아하고 두 번째 방문하면 할인을 해줄 가능성이 높다. 여행 가이드가 소개해준 가게에서 구매를 하는 경우 수수료를 줘야 하기 때문에 할증료를 내야 한다. 페즈나 다른 도시의 메디나에서는 여러 가게 주인들이 "우리 가게도 구경하세요"라는 말을 똑같이 하면서 따라다닐 것이다. 정말 관심 있는 물건이 없다면 굳이 갈 필요는 없다.

외국인에게는 가격을 보통 디르함으로 제시한다. 하지만 숫자가 커질수록 모로코인들은 상팀으로 센다. 1디르함은 100상팀에 해당한다. 만약 자동차를 구매한다면 가격은 500만 상팀이라고 할 것이다. 조바심 낼 필요가 없다. 500만 상팀은 5만 디르함이고 약 5,000달러에 해당한다. 때때로 리얄로 가격을 제시하는 경우도 있는데 1리얄은 5상팀에 해당한다.

모로코 영업시간은 일반적으로 오전 9~12시, 오후 3~8시다. 중간에 비는 3시간은 점심시간인데, 대부분의 모로코인이 집으로 돌아가 가족과 밥을 먹는다. 서양식 가게나 슈퍼마켓은 대개 이 시간대에도 영업을 하고 하누트도 한두 곳 영업을 할 것이다. 금요일은 예배를 드리는 날이기 때문에 점심시간이 앞이나 뒤로 1시간 연장되기도 한다.

【 식료품 쇼핑 】

식료품을 쇼핑할 때는 몇 가지 옵션이 있다. 농부들의 시장처럼 꾸며져 있는 이동식 수크를 방문해 식료품 외에 가사용품도 구매할 수 있고, 가게에 들어가 가격은 조금 더 비싸지만 믿고 먹을 수 있는 식품을 구매해도 된다. 거리마다 하누트라는 작은 가게에서 과자, 음료, 식료품, 담배와 다른 일상용품을 판매한다. 규모가 조금 더 큰 하누트는 작은 식료품 잡화점처럼 세워져 있는 경우도 있고 카운터 뒤편에 물건들을 쌓아놓고 필요할 때 물어봐야 하는 경우도 있다. 하누트는 근처 빵집의 신선한 빵을 팔기도 한다.

다음은 마르쉐다. 고기, 생선, 신선 식품, 올리브 심지어 꽃과 허브도 판매하는 프랑스식 시장이다. 마르쉐는 도시의 빌누벨에 있다. 마지막으로 가장 비싸지만 편하게 장을 볼 수 있는 방법은 슈퍼마켓을 이용하는 것이다. 마르잔은 월마트를 연상시키는 대형 마트인데, 식료품 외에 여러 가지를 소량으로 판매한다. 대부분의 대도시 외곽에 하나씩 있다. 또 다른 인기 대형 마트로는 프랑스 리더 프라이스가 소유한 라벨비가 있다. 이런 마트에서 수입 식품을 사면 세금이 많이 붙는다는 사실을 유념해야 한다.

하맘

전통적으로 모로코인들은 집에서 샤워나 목욕을 하지 않았다. 아직도 그런 사람들이 있고 뜨거운 물을 사용하는 것은 사치라고 생각한다. 그렇기 때문에 지금까지 하맘은 몸을 깨끗이 하고 친구들과 함께 갈 수 있는 곳으로 남아 있다. 겨울에 외풍이 불어 쌀쌀한 집에서 벗어나 잠시 쉬어갈 수 있는 곳이기도 하다.

하맘에서 남성과 여성은 서로 다른 구역을 사용하거나 어떤 시설에서는 서로 다른 시간대에 사용해야 한다. 하맘에 갈 때는 수건, 깨끗한 속옷, 낮은 목욕 의자, 양동이와 평소 샤워할 때 사용하는 세면도구들을 가져가야 한다. 모로코인들은 거친 장갑이나 목욕용 수세미, 올리브 진액으로 만든 블랙솝, 머리와 몸의 유분기를 제거하는 데 사용하는 허브와 섞인 걸쭉한 검은 점토인 가슬, 손발을 부드럽게 하고 꾸미는 데 사용하는 헤나를 챙겨간다. 이런 것들은 일부 하맘에서 적은 비용으로 구매할 수 있다.

하맘에서 제일 먼저 들어가게 되는 방은 굉장히 뜨겁다. 이곳에서 비누칠을 하고 수증기가 피부를 부드럽게 할 수 있게 잠시 휴식을 취하게 된다. 몇 분 후에 마사지사가 케사라는 장갑을 끼고 온 몸을 문질러줄 것이다. 이 과정은 프랑스어로 고마쥬라고 하는데, 거칠 수 있고 굉장히 은밀한 부분까지 문질러주기 때문에 껄끄럽게 느껴질 수도 있다.

뜨거운 방 다음에는 미지근한 방으로 들어가는데, 이곳에서 여성은 헤나를 바르고 남녀 모두 가슬을 사용한다. 대부분의 모로코인이 이런 제품들을 사용하지만 이 시간에 로션이나 오일을 바르는 사람들도 있다. 양치를 하고 머리를 빗고 수건으로 몸을 둘러싸면 나갈 준비가 된 것이다.

하맘은 처음에는 부담스러울 수 있지만, 적응 기간을 거치고 나면 대부분의 외국인은 이 전통이 왜 유지되는지 이해하게 된다. 대부분의 모로코인은 집에서 샤워를 하든 안 하든 일주일에 한 번 하맘에 가고 그래야만 정말로 깨끗해질 수 있다고 믿는다.

야외 활동

야외 활동을 좋아한다면 모로코는 지상낙원이다. 산과 트레킹으로도 유명하고 운동을 좋아하지 않는 사람들도 즐길 거리가 많다.

모로코에는 460종 이상의 조류가 서식하고 있어서 조류 관찰을 좋아하는 사람들을 위한 최적의 장소다. 특히 남부 지역

에서는 승마도 인기라 여러 도시에 부유한 모로코인들과 외국
인들이 자주 찾는 승마 클럽이 있다.

트레킹에 열광하는 사람들은 남부 지역에서 가장 높은 투
브칼 산에서 즐거운 시간을 보낼 수 있다. 특히 이프란과 아즈
루 근처 미들아틀라스 지역의 멋진 숲 사이로 하이킹을 할 수
도 있다.

해안선이 길게 뻗어 있기 때문에 젊은 모로코 남성들 사이
에서 서핑이 큰 인기를 끌고 있다. 아가디르, 라바트, 에사우이
라 지역이 특히 서퍼들에게 인기가 있고, 관광객들을 위해 장
비를 대여해주는 시설도 있다. 에사우이라는 '아프리카의 바람
의 도시'라고도 불리는데, 이곳에는 윈드서핑시설도 있다.

무함마드 6세는 골프와 제트스키 애호가로, 모로코에는 훌륭한 골프 코스도 여럿 있다. 그중 다수가 특정 제휴 멤버십을 요구하는데, 이는 웹사이트에 자세히 나와 있다.

마지막으로 모로코에서 스키가 점점 인기를 끌고 있다. 우카이메덴은 마라케시 남부에서 68km 정도 떨어진 곳인데, 활강스키를 즐기는 사람들이 많이 찾으며 북아프리카에서 가장 높은 스키 리프트가 있다. 이프란 외곽에 위치한 미쉴리폰에도 시설이 잘 갖추어져 있다.

07

여행, 건강 그리고 안전

매년 1,000만 명 이상의 관광객이 방문하는 모로코에는 다양한 관광객에게 서비스를 제공할 수 있는 호텔들이 많다. 호텔들은 5성 등급 제도로 운영되고 있지만, 이는 임의로 적용되는 경우가 많아 5성급 호텔이라고 해도 일반적인 3성급 호텔이 필수적으로 갖추고 있어야 하는 편의시설이 있다고 장담할 수 없다.

때로는 근거지를 벗어나는 것이 굉장히 중요하다. 모로코에 머무르는 외국인들은 마치 어항 속에 사는 금붕어 같은 느낌이 든다고 불평을 하곤 한다. 모든 사람이 자신을 쳐다보고, 자신에 대해 이야기하고, 자신을 따라다니기 때문이다. 이런 경험이 없는 사람들에게는 피해망상적일 수 있지만 모로코인들은 남의 이야기를 좋아한다. 그렇기 때문에 자주 휴식을 취하는 것이 필요하고, 여행 경비와 숙박 비용이 싼 나라에서 그러지 않을 이유가 없다.

운전

모로코의 도로 체계는 훌륭하다. 대서양 해안에 길게 뻗어 있으며 페즈와 메크네스까지 걸쳐 있는 통행료를 내는 고속도로가 그중 하나다. 모든 대도시는 2차선 포장도로로 연결되어 있고 사하라 지역 가장자리에 위치한 메르조가로 이어지는 도로가 최근 들어섰다.

　도로 체계는 훌륭하지만 운전은 아주 힘들 수도 있다. 모로코 운전자들은 공격적이고 가축들을 잔뜩 실은 트럭 또는 더

심한 것에 대한 담력을 겨
뤄야 할 수도 있다. 하지만
통행료를 내는 고속도로에
서는 이런 문제는 발생하
지 않는다. 밤에, 특히 도
시 간 이동을 할 때는 운
전하는 것을 추천하지 않
는다. 음주 운전자들이 많
기 때문이다.

모로코에서는 국제운전
면허증과 외국인운전면허
증이 허용되는데, 공무상 주재하는 사람이라면 교통부에서 쉽
게 발급받을 수 있는 모로코 운전면허를 취득하는 것을 추천
한다.

렌터카는 규모가 큰 세계적 기업이나 규모가 작은 모로코
회사(가격이 더 저렴하다)에서 대여할 수 있다.

모로코의 대중교통망이 광범위하며 훌륭한 덕분에 다수의
외국인은 자동차 없이도 그럭저럭 잘 지낸다.

기차

모로코의 기차 체계는 훌륭한 편이며, 국영 기업인 모로코 철도청에서 관리하고 있다. 한 노선은 탕헤르에서 출발하여 시디 카셈에서 두 갈래로 나뉜다. 동향 노선은 메크네스와 페즈를 거쳐 우지다까지 운행하며, 서남 노선은 카사블랑카를 거쳐 마라케시까지 운행한다. 사피, 우에드 젬, 부아르파, 나도르 그리고 엘 자디다 도시들은 연결되어 있다. 마라케시에서 출발해 아가디르, 다클라, 엘아이운 지역을 거쳐 서사하라 지역에 도착하는 노선을 연장하자는 이야기가 있었는데, 현재로서는 수프라투어가 제공하는 버스와 마라케시의 열차가 연결된다. 또한 카사블랑카와 라바트를 잇는 고속 열차가 있으며, 카사블랑카에 있는 카사보야져역과 무함마드 5세 공항 지하에 있는 역을 잇는 직통 열차도 있다.

　모든 열차에는 1등석과 2등석이 있는데, 둘 다 비싸지 않고 편안하다. 하지만 1등석 객실을 추천한다. 자리가 8석이 아닌 6석으로 되어 있으며 지정좌석제이기 때문이다. 열차에 탑승한 후에 티켓을 구매하면 추가 요금이 발생하므로 탑승하기 전에 티켓 비용을 지불하는 것이 좋다. 열차 운행시간표는 영어, 프랑스어, 아랍어로 안내되는 모로코 철도청 홈페이지 (www.oncf.ma)에서 확인할 수 있다.

버스

버스로 거의 모든 곳을 갈 수 있다. CTM 버스는 국영 시외 노선인데, 가장 믿을 만하고 쾌적하다. 수프라투어는 모로코 철도청 열차와 연계된 전용 노선인데 CTM과 비슷하다고 보면 된다. 다른 버스들은 일종의 복권을 긁는 것과 같다. 믿을 만하며 안전한 버스도 있지만 쓰러질 듯한 버스도 있다. 이런 버스는 비용이 저렴하다. 비용이 저렴한 버스는 남성들로 가득 차고, 지방 승객들을 태우기 위해 정차하기 때문에 여성 혼자 여행을 다닌다면 CTM이나 수프라투어 버스를 타는 것이 더 쾌적할 것이다.

티켓은 대부분의 도시에서 쉽게 구매할 수 있다. 버스 정류장이 상대적으로 체계화되어 있고, 혼란스러워 보이는 여행객들을 도와줄 직원들이 있기 때문이다. 일반적으로 티켓 비용이 게시되어 있지만 사설 업체와는 가격을 협의할 수 있다. 기차의 경우 탑승 전에 티켓을 구매하는 것이 더 좋다. 그리고 당신의 수하물을 옮기는 데 도움을 준 사람이 있다면 팁을 주는 것이 관례다.

카사블랑카와 라바트는 최근에 지상 도심 트램 노선을 신설했는데, 다른 대도시들은 비용이 저렴하고 정해진 노선만 운행하는 지역 버스 노선을 운영한다. 이처럼 도시별로 다른 교통수단을 사용하기 때문에 당신이 거주하는 도시의 서비스에 대해 물어보는 것이 좋다.

크고 **작은** 택시

모로코에는 2가지 종류의 택시가 있다. 크기가 큰 택시는 시외, 작은 택시는 도심부에서 운행한다. 모로코에 머무르는 동안이 택시들을 무수히 보게 될 텐데, 둘 다 이용하기에 믿을 만하고 상당히 저렴하다.

【큰택시】

큰 택시는 아랍어로는 택시 카비르, 프랑스어로는 그랜드 택시라고 알려져 있는데, 일반적으로 그릴에 원형의 빨간색 메달이 달린 빈티지 메르세데스 벤츠다. 대부분 정해진 시외 노선만 운행하며 승객을 6명까지 태울 수 있다(기사를 포함해서 앞좌석에 2명, 뒷좌석에 비좁게 4명이 탈 수 있다).

큰 택시들은 보통 버스 정류장이나 기차역 또는 도시의 주요 지형지물 근처에 있는 택시 정류장에 모인다. 기사들은 그들의 목적지를 크게 외쳐 손님들을 끌어모은다. 그리고 팁을 줄 마음이 없다면 누군가가 택시를 찾아주겠다고 해도 그들의 도움에 응하면 안 된다. 혼자서도 쉽게 택시를 찾을 수 있다. 가격은 협의 가능하고 적절한 요금을 내기 위해 다른 승객들에게 얼마를 지불하는지 물어봐야 한다.

빨리 출발해야 하는데 아무도 택시에 타지 않는다면 남은 좌석에 대한 요금을 기사에게 지불하고 혼자 그 택시를 탈 수 있다. 혼자 다니는 여성은 좌석 2개에 대한 요금을 지불하고 혼자 택시를 타고 가는 것이 바람직하다고 생각한다. 또한 정해진 노선에 없는 목적지에 가고 싶다면 기사에게 부탁하면 된다. 택시 기사는 이를 신고하기 위해 경찰서에 가야 할 것이고, 당신은 여권이나 체류증을 제출해야 할 수도 있다. 이런 여행을 위해 흥정할 준비가 되어 있어야 한다.

【 작은 택시 】

택시 세기르 혹은 쁘띠 택시라고 알려진 작은 택시들은 시내에서만 운행한다. 각 도시의 택시는 알기 쉽게 색으로 구분되어 있고 눈에 띄도록 라벨이 붙어 있다. 지정된 정류장에서 찾거나 거리에서 부를 수 있다. 법적으로 택시 1대에 승객을 3명 태울 수 있고, 이 규칙은 엄격하게 시행되고 있다.

작은 택시들은 보통 미터기가 있는데, 밤에는 기본요금이 50% 증가한다. 하지만 카사블랑카와 마라케시에서 택시들은 흔히 미터기 없이 운행하기 때문에 요금을 덜 내기 위해서는

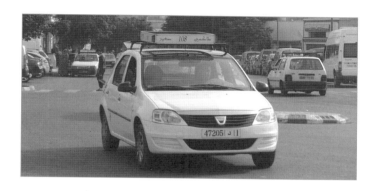

흥정이 필요하다. 특히 마라케시 택시 기사들은 양심 없이 관광객들과 다른 도시에서 여행 온 모로코인들에게까지 바가지를 씌우는 것으로 유명하다.

다른 승객을 태우고 있는 택시를 부르는 것도 가능하다. 만약에 택시가 멈춘다면 기사는 보통 꽤 공정하거나 심지어 당신에게 유리한 쪽으로 요금을 정할 것이다. 일반적으로, 특히 장거리 여행인 경우에는 약간의 팁을 주는 것이 관례다.

공항

모로코에서 비행기로 여행하는 것은 저렴하지 않다. 하지만 특히 기차가 가지 않는 곳까지 여행하는 경우 가장 빠르고 편한 여행 수단이다. 모로코에는 공항이 총 19개 있으며, 상용비행기가 매일 운행한다. 모로코 대표 항공사 로얄에어마록과 자회사인 로얄에어마록익스프레스와 에어아라비아는 모두 국내선을 제공한다. 대부분의 방문객은 카사블랑카의 붐비는 무함마드 5세 공항이나 탕헤르, 페즈, 마라케시, 아가디르의 소규모 공항을 통해 모로코에 들어온다.

숙박

매년 1,000만 명 이상의 관광객이 방문하는 모로코에는 다양한 관광객에게 서비스를 제공할 수 있는 호텔들이 많다. 호텔들은 5성 등급 제도로 운영되고 있지만, 이는 임의로 적용되는 경우가 많아 5성급 호텔이라고 해도 일반적인 3성급 호텔이 필수적으로 갖추고 있어야 하는 편의시설이 있다고 장담할 수 없다.

대도시에는 메르디앙이나 힐튼과 같은 5성급 호텔 체인점부터 배낭족들을 위한 굉장히 저렴한 호텔까지 다양한 숙박시

설이 있다. 이 중 관광지가 모여 있는 곳에 위치한 일부 호텔들은 쾌적하기도 하다. 소도시에도 가격대에 따라 몇 가지 선택권이 있을 것이다.

체크인할 때 여권을 보여줘야 하고 개인 정보 서식을 작성해야 한다. 엄밀히 따지면 미혼 남녀가 같은 호텔 방에 묵는 것은 불법인데, 외국인은 이에 해당되지 않는다. 그렇지만 배우자가 모로코인으로 오해받을 수 있는 상황이라면 혼인허가서 1부를 가지고 다니는 것이 좋다.

숙박 여부를 정하기 전에 방을 볼 수 있는지 물어봐도 괜찮다. 그리고 규모가 작은 호텔의 경우 당신이 원하는 방이 없거

나 방에 결함이 있다면 흥정을 할 수도 있다. 또한 할인 행사가 있어도 홍보를 거의 안 하기 때문에 할인 행사가 있는지 물어보는 것도 좋은 방법이다.

최근에 모로코 도시들과 소규모 마을에서 에어비앤비와 같은 사이트들이 인기를 끌고 있다. 이런 사이트를 통해 임대를 목적으로 한 빌 누벨의 시크한 아파트 혹은 메디나의 아름다운 전통 가옥을 알아볼 수 있다.

마지막으로 모로코에서만 경험할 수 있는 리아드를 소개하려고 한다. 페즈나 마라케시 같은 일부 도시에서 유럽인들과 모로코인들이 전통적인 모로코 가옥을 매입해 게스트하우스로 개조하고 있다. 리아드는 일반적으로 전통적인 장식으로 꾸며져 있고 호화로우며 가격은 천차만별이다. 리아드는 메디나에서만 찾아볼 수 있다.

국내 여행

모로코에 처음 방문하는 사람들이 모로코와 그 나라의 매력적인 풍경과 문화를 이해하는 차원에서 꼭 방문해야 하는 명소들이 있다. 다음 소개하는 명소들은 맛보기다.

【 대서양 해안 지대 】

바다 근처에서 휴식을 취하거나 서핑을 하는 것을 좋아한다면 모로코의 대서양 해안 지대는 최적의 장소다. 탕헤르는 미국 소설가 폴 볼스가 오랫동안 살았던 곳으로, 오늘날 감각 있는 외국인들이 많이 찾으며 인기 있는 나이트클럽이 위치한 도시

다. 해마다 스페인에서 수백만 명의 관광객이 몰려드는 항구
도시로 때로는 번잡해지기도 한다. 탕헤르에서 남쪽으로 내려
가면 아실라에 이르게 된다. 이곳에서 해마다 국제 문화 축제
가 열리며 전 세계에서 온 미술가들이 전년도의 벽화 위에 새
로운 벽화를 그린다. 해안을 따라 내려가다 보면 가족들로 붐
비는 깨끗한 해변과 호화로운 해안 나이트클럽들이 있는 라바
트와 카사블랑카에 닿는다.

모로코의 가장 큰 도시 2곳이 너무 빠르게 움직이는 곳 같
다면 세계에서 가장 맛있는 굴의 고장 왈리디야와 과거 포르
투갈의 근거지 엘 자디다로 가보는 것도 좋다. 휴식을 취한 후,

남쪽으로 내려가면 도자기 제조의 중심지이자 공장들이 모여 있는 사피에 이르게 된다. 더 내려가면 매년 여름 그나우아 세계 음악 축제가 열리는 에사우이라에 도착한다. 이곳은 윈드서퍼와 역사적인 로커 지미 헨드릭스가 과거에 자주 찾던 곳을 따라 찾아오는 히피들에게 굉장히 인기 있다. 서사하라 또는 '사하라주'에 이르기 전 중요한 장소는 스페인의 정취를 대부분 유지하고 있는 작은 도시 시디 이프니다.

【 세계문화유산 】

페즈의 메디나는 페즈 알발리라고도 알려져 있는데, 현존하는 메디나 중 가장 오래되었 으며 유네스코 문화유산으 로 알려져 있다. 이곳은 수백 년 전 방식대로 운영되는 가 죽 공장과 경험이 많은 여행 객조차 길을 잃는 미로 같은 거리로 유명하다. 페즈의 노 련한 가게 주인들이 너무 험 하다고 느껴진다면 1시간 정

도 떨어진 메크네스로 가보길 바란다. 이곳도 유네스코 문화
유산으로 지정되었고 상대적으로 평온한 이 제국 도시와 메디
나는 '모로코의 베르사유'라는 별명을 가지고 있다. 근처 로마
제국 유적지 볼루빌리스(왈릴리)는 둘러보기 좋은 곳이다. 에사
우이라와 테투안의 메디나도 마라케시처럼 유네스코 문화유
산으로 지정되었다.

　　남부에는 웅장한 산들로 둘러싸인 숨 막히게 멋진 카스바
(요새) 에잇벤하두가 있다. 라바트 외곽에 위치한 셀라 공동묘
지와 로마 제국 유적지 릭수스 또한 유네스코 세계문화유산

으로 지정되어 있다. 업데이트된 목록은 유네스코 세계유산위
원회 홈페이지(http://whc.unesco.org)에서 확인할 수 있다.

【남부】

주요 도시들과 비교하면 모로코 남부는 완전히 다른 세상이
다. 야자 숲과 폐허로 남거나 복구된 카스바(일부는 게스트하우스
로 운영한다), 베르베르족 마을, 깊은 협곡으로 가득 찬 이곳은
관광객들로 붐비는 메디나가 잃어버린 아름다움을 일부 유지
하고 있다. '모로코의 할리우드' 격인 와르자자트는 현란하고
신나는 반면 다데스밸리를 차로 지나가면 고대의 건축물들과
오아시스를 볼 수 있다.

　수스밸리는 모로코에서 패키지 투어로 가장 많이 찾는 곳
이다. 아가디르는 아르간 숲과 바나나 숲, 다채로운 베르베르
족 마을을 여행할 수 있는 곳이다. 티즈니트와 타루단트 같은
도시에서는 관광객들에게 바가지를 씌우지 않으며 모로코 고
유의 친절함을 경험할 수 있다. 베르베르족 은 장식품으로 가
장 유명한 곳이기도 하다. 사막의 열과 먼지를 경험한 후에는
미르레프트와 시디 이프니의 해변 마을에서 휴식을 취하거나
서핑을 즐기기 바란다.

· 아틀라스 스튜디오 ·

최근 와르자자트의 아틀라스 스튜디오가 전 세계 영화 제작자들 사이에서 주목받고 있다. 〈마지막 사랑〉, 〈글래디에이터〉, 〈그리스도 최후의 유혹〉, 〈킹덤 오브 헤븐〉, 〈왕좌의 게임〉, 영국 BBC의 〈아틀란티스〉 등이 모두 이곳에서 촬영했다. 촬영이 없을 때 현지에서 운영하는 투어로 스튜디오(www.atlasstudios.com)를 방문할 수 있다. 이집트 테마 세트와 스콜세지 감독의 영화 〈쿤둔〉에 나오는 티베트 수도원 등 영화에서 사용되는 세트장을 직접 볼 수 있다. 모로코에서 촬영한 해외 영화들은 〈알렉산더〉, 〈스파이 게임〉, 〈룰스 오브 인게이지먼트〉, 〈아라비아의 로렌스〉, 〈미이라〉 등이 있다.

【 지중해 연안 】

북부에는 아름다운 지중해 해안이 펼쳐져 있다. 온화한 기후로 인해 대부분의 모로코인이 여름 휴가를 보내기 위해 찾는 곳이다. 알호세이마와 우에드 라우가 인적이 드문 곳에 있다면, 레스팅가 스미르와 사이디아는 떠오르는 휴양지다. 내륙 지방에는 테투안과 스페인의 영향을 받은 메디나, 산들바람이 부는 산골 마을 쉐프샤우엔을 볼 수 있다. 특히 쉐프샤우엔은 아름답지만 대마초를 찾는 유럽인들로 가득 차 있는 경우가 많다. 외국인 방문객들은 모로코에서 잠시 벗어나 스페인 소수민족 집단 거주지 세우타와 멜리야를 찾아 국내에는 없는 생활용품들을 비축해 놓는다. 내륙에서 동쪽 끝으로 가면 우지다 지역이 나온다. 과거 알제리로 가는 관문이었던 이곳은 무질서하게 뻗어 나간 다소 현대적인 도시였지만 1995년에 국경이 폐쇄된 뒤부터는 침체 상태에 있다.

【 미들아틀라스 지역 】

미들아틀라스 지역은 페즈와 메크네스의 제국 도시들을 포함하는데, 아름다운 삼나무 숲과 작은 베르베르족 마을로 가득 차 있다. 버스나 기차를 타고 이렇게 북적거리는 도시 외곽을 지나는 순간 완전히 다른 세상이 펼쳐진다. 이프란과 아즈루의 작은 마을들은 녹지가 풍부하고 나무가 우거진 지역이

많다. 아즈루의 아름다운 시장에서 저렴한 베르베르족 카펫을 구매할 수도 있다. 로마 제국의 흔적이 남아 있는 볼루빌리스 다음으로 이슬람교 순례자들이 해마다 대규모 모우심을 열기 위해 찾는 물레이 이드리스 제르훈 마을을 방문하기 바란다. 신성한 마을이기 때문에 이슬람교가 아닌 사람들은 하룻밤 머물 수도 없다. 세프루도 들렀다 가기 좋은 장소다. 근처 발릴 지역은 현대적인 동굴집이 있고 관광객에게 거의 알려지지 않은 곳이다.

건강

모로코에서 건강을 유지하기 위해서는 해야 할 것과 해서는 안 되는 것이 있다. 일반적으로 짧은 적응 기간이 끝나기 전에는 수돗물을 마시지 않는 것이 좋다. 저렴하고 쉽게 구할 수 있는 병에 든 생수를 마시는 것이 좋다. 외식을 하는 경우 익히지 않은 채소는 먹지 않는 것이 좋고 고기는 완전히 익혀달라고 주문해야 한다.

　모로코에는 오염된 식음료와의 접촉을 통해 전염되는 A형 간염이 유행하고 있는데, 특히 농촌 지역은 이에 대한 예방 조치를 취해야 한다. B형 간염도 흔히 발생하는데, 모로코인과 직접 접촉하는 사람들은 극도로 조심하고 정기 검사를 받아야 한다. A형 간염과 B형 간염 모두 예방 접종을 권한다.

HIV 바이러스도 모로코에서 유행하는데, 이에 대해 신뢰할 수 있는 정보가 거의 없다. 문서화된 에이즈 발병 건수는 약 1,000건이지만 안전하지 못한 성행위는 만연하고 HIV 바이러스에 대한 교육도 실시되지 않고 있다. 성관계는 안전하고 조심스럽게 해야 한다. 다행히도 약국마다 콘돔이 구비되어 있고 잘 알려져 있지는 않지만 대도시마다 HIV 검사를 무료로 제공한다. 자세한 정보는 현지 약사에게 물어보는 것이 좋다.

모로코는 식품 위생 기준이 전반적으로 좋지 못하기 때문에 다양한 종류의 장 감염 질환이 흔히 발생한다. 대부분의 외국인은 모로코에 머무르는 동안 어떤 종류든 장염에 감염될 것이다. 설사를 하는 경우 수분을 공급해주는 것이 중요하고 극심한 통증에 시달린다면 병원을 방문해야 한다.

모로코에 오랜 기간 머무를 계획이 있는 사람들은 디프테리아, 파상풍, 홍역, 유행성 이하선염, 풍진, 소아마비, A형 간염과 B형 간염에 대한 예방 접종을 하는 것이 좋다.

민간 병원에서는 좋은 의료 서비스를 받을 수 있다. 대도시에는 외국에서 교육을 받은 의사들이 적어도 1명은 있고 의사들이 어느 정도는 영어를 구사한다. 만성적인 질환이 있거나 약용 알레르기가 있다면 프랑스어나 아랍어로 어떻게 설명할지 알아두거나 자신의 상태에 대한 정보를 항상 몸에 지니고 다니는 것이 중요하다.

치과 치료는 모로코에 오기 전에 마무리하고 오는 것을 권한다. 치과의사는 인구 7,000명당 1명꼴로밖에 없기 때문이다. 긴급한 상황에는 주요 도시에 위치한 치과에서 치료를 받을 수 있다.

병원비가 저렴한 편이지만 보험에 가입하는 것이 바람직하다. 일반적으로 보험 회사에서 의사가 작성할 서식을 주면 병원에 가져갔다가 다시 가져와 환급을 받으면 된다. 일반적으로 약도 환급 가능하다.

전국 곳곳에 약국이 있

고, 약사들은 가벼운 증상의 경우 그 자리에서 진단을 하고 약을 팔 수 있다. 대부분의 약은 처방전 없이도 구할 수 있으며 이럴 경우 환급이 불가능하다.

치안

모로코는 전반적으로 치안이 양호한 편이며 세계 다른 지역에서 온 방문객들을 받아들이는 데에 굉장히 익숙하다. 대도시에서도 강력범죄는 드물게 발생하며 외국인을 상대로 한 대부분의 범죄는 절도죄와 소매치기이다. 하지만 방문객들은 항상 조심해야 하고 가능한 한 현지 관습들을 따라야 한다.

중동의 혼란과 멀리 떨어져 있지만 모로코도 최근에 테러 공격을 경험했다. 2011년 4월 마라케시에서 사람들이 많이 찾는 카페에 폭탄이 들어 있는 가방이 터져 사망자가 17명, 부상자가 25명 발생했다. 방문객들은 각 대사관에 등록하여 발령되는 경보에 주의해야 한다.

혼자 다니는 외국인 여성들은 끊임없이 관심받는 것을 불평한다. 단정한 옷과 짙은 색의 안경을 착용하면 관심을 덜 받을 수도 있지만, 모로코 남성들은 당신이 그곳에 있는 틈을 타인사를 건넬 것이다. 그렇게 해서 그들은 잃을 게 없기 때문이다. 예의 바르게 대답을 하고 가던 길을 가면 된다. 만약 그 사람이 한 걸음 더 나아가 당신을 따라온다면 가장 중요한 말을 하는 것이 그를 존중하는 것이다. 그가 결례를 범하는 행동을 하고 있다고 하면 그가 떠나거나 사과를 할 수도 있다. 어떤 방법으로도 문제가 해결되지 않는다면 '시어 프할렉'이라고 말하면 된다. 모로코인들이 상스럽다고 생각하는 말로 '꺼져'라는 뜻이다. 이래도 안 된다면 경찰이나 주위 가게 주인들에게 알려라.

08

비즈니스 현황

접대는 모로코 문화의 중요한 부분이며 실제로 사회적 의무라고 여겨진다. 비즈니스는 더딘 속도로 진행되고 업무보다도 관계가 강조된다. 즉, 업무를 수행하기 위해서는 당신이 무엇을 아는지보다 누구를 아는지가 더 중요하다는 의미다. 관계를 발전시키는 것은 결코 시간 낭비가 아니며 모로코에서 비즈니스를 하는 데 중요한 역할을 한다.

모로코는 풍부한 천연 자원과 뛰어난 지리적 위치, 해외 투자자들에게 유리한 투자 환경을 갖추고 있다. 모로코 경제는 자유롭고 유동적이며, 주요 분야로 관광과 인산염 채굴, 농업, 어업을 꼽을 수 있다. 관광은 가장 빠른 속도로 성장하는 분야 중 하나다. 대마초 재배는 원칙적으로 불법이지만 전통적으로 리프 산맥에서의 주요 수입원 역할을 해왔다. 유럽연합과 미국의 강요에 의해 모로코 정부는 대마초 생산을 중단하는 계획에 착수했다. 합법적으로 수출할 수 있는 농산물로는 대추와 견과류를 포함한 과일과 채소가 있다.

비즈니스 문화

접대는 모로코 문화의 중요한 부분이며 실제로 사회적 의무라고 여겨진다. 비즈니스는 더딘 속도로 진행되고 업무보다도 관계가 강조된다. 즉, 업무를 수행하기 위해서는 당신이 무엇을 아는지보다 누구를 아는지가 더 중요하다는 의미다. 관계를 발전시키는 것은 결코 시간 낭비가 아니며 모로코에서 비즈니스를 하는 데 중요한 역할을 한다. 한 번의 미팅으로 얼마나

빨리 친분을 형성할 수 있는지 알면 외국인들은 종종 놀라곤
한다.

　모로코인들은 도와주는 것을 좋아하고 관계가 형성되면 당
신의 목표를 달성하는 데 도움이 되려고 애를 쓸 것이다. 모로
코의 시간 엄수 방식에 대해 인내심을 가지는 것이 중요하다.
시간을 엄수하는 것은 사건의 심각성을 나타내지만 모로코에
서 시간은 유연한 편이며 '제시간'은 상대적인 개념이다. 비즈
니스 관계를 맺은 사람에게 부탁을 하게 되면 그들은 즉시 도
와줄 것이다. 다음 기회에 부탁할 수 있을 때까지 오랜 시간이

걸릴 수 있기 때문에 그들의 친절함을 받아들이는 것이 현명하다.

모로코의 절차는 어렵고 복잡하다. 좋은 연줄이 있다면 불필요한 절차를 건너뛰고 장애물들을 제거해줄 수 있는 사람들과 연결해줄 것이다. 이러한 절차는 프랑스 행정 절차와 관습에 근거한 것인데, 규약을 준수하는 것이 중요하며 예의와 격식은 원칙이다.

모로코인들에게 가족은 중요하기 때문에 그들은 가족사진을 가지고 다닌다. 나이와 가족 사항에 대해 특정 질문을 하는 것이 일반적이며 사회적으로 용인할 수 있는 부분이다. 심지어 비즈니스 환경에서도 가능하다. 비즈니스 관습은 지역마다 다르지만 도시 중심부에서의 비즈니스는 서구화된 것을 볼 수 있다.

비즈니스 언어

대부분의 모로코인에게 제1언어는 데리자어이고, 이를 유창하게 구사한다면 사람들에게 존경받을 것이다. 하지만 비즈니스는 프랑스어 또는 현대 표준 아랍어로 진행되는 경향이 있다. 모로코에 투자를 하는데 두 언어 중 하나도 구사하지 못한다면 어려움에 직면하게 될 것이다. 그렇기 때문에 모로코인의 도움을 받거나 통역사를 고용하는 것이 가장 좋은 방법이다. 영어는 관광 분야에서만 도움이 될 것이다.

시간 및 스케줄

'연속 근무 시간'을 향한 움직임이 있었지만 실제로 시행되지는 않았다. 서양식 슈퍼마켓을 제외한 대부분의 상점은 오전 9~10시부터 12~1시까지 영업을 하고 점심시간을 가진 뒤 오후 3~9시까지 영업을 한다. 연속 근무 시간을 준수하는 곳에서도 점심시간까지 영업을 하는 것은 어렵다. 점심은 하루 중 가장 중요한 식사이며 사회적으로도 중요한 의미를 지니기 때문이다. 심지어 우연히 알게 된 사람들도 금요일 쿠스쿠스를 먹는 자리에 초대할 수 있다. 금요일은 성일이라 대부분의 상점과 사무실은 정오 이후 문을 닫는다.

주요 휴일은 사실상 영업을 하지 않는 라마단 기간을 포함한다. 이 기간 동안 사람들은 밤의 유흥을 즐기지만 대부분의 술집과 주류 판매점은 영업을 하지 않는다. 사람들은 하루 종일 금식을 하고 누구도 '최고'라고 묘사되어서는 안 된다. 외국인의 경우 공개적으로 먹거나 마시는 것은 무례한 행동이며, 이슬람교도의 경우 금기 사항이다. 또한 음주는 사람들이 눈살을 찌푸릴 만한 행동이다. 8월은 전통적으로 휴식을 취하는 달이기 때문에 대부분의 사람이 해변을 찾는다. 이드 알카비르와 이드 알세기르 또한 종교적 휴일이기 때문에 대부분의 사업 활동이 중단된다.

오피스 에티켓과 규약

【 비즈니스 복장 】

모로코인들은 외향적인 모습으로 다른 사람들을 판단하는 경향이 있기 때문에 옷을 잘 갖춰 입고 구두를 닦는 등 단장에 신경 쓰는 것이 좋다. 모로코인들은 디테일에 주목한다. 비즈니스 복장은 일반적으로 단정하고 격식 있는 편이다. 남성의 경우 짙은 색의 클래식 정장에 단정한 넥타이가 일반적이다. 여성의 경우 원피스나 바지 정장 등 우아하면서도 단정한 복장이 가장 좋다. 여성은 자기 자신을 적절하게 가리는 것이 중요하다. 치마는 무릎 아래 기장으로 몸에 딱 붙는 바지나 타이즈와 함께 입어야 하며 소매가 있는 옷을 입는 것이 좋다. 옷은 너무 딱 붙지 않도록 하며 기장이 긴 자켓 정장이 이상적이다. 액세서리는 최소한으로 하고 과시하는 정도가 아니면 된다. 명품 브랜드를 입는 것이 좋고 캐주얼한 복장도 멋질 것이다.

【 유연하라 】

모로코는 이슬람 국가지만 그중에서도 자유로운 편이다. 이는 모로코 법과 문화에서 잘 나타난다. 모로코 문화는 지역과 개인별로 다양한 관습과 의식을 포용하는데, 이에 적응할 준비가 되어 있어야 한다. 종교 의식에 엄격하지 않은 모로코인들도 있지만 이와 반대 성향의 사람들도 받아들일 준비가 되어 있어야 한다. 이슬람교인들은 의무적으로 하루에 다섯 번 기도를 드려야 하며 이를 위해 공간과 시간을 마련해주는 것이 예의이고 그들을 존중하는 방법이다. 동료가 미팅 도중 기도를 하기 위해 잠시 나간다면 돌아올 때까지 아무 말 없이 하던 업무를 하면 된다.

【 자제력과 체면 지키기 】

사람들과의 관계가 중요하고 개인의 노력보다 공동 작업이 선호된다. 어느 상황에서든 사람들과 조화롭게 지내며 예의 바르게 행동하는 것이 중요하다. 차분하고 중도를 지키며 예의 바르게 말하는 것을 높이 평가한다. 자기 자신을 통제할 수 있다면 존경받고 보상받을 것이다. 평화를 유지하기 위해 사소한 (때로는 주요한) '거짓말'은 허용하고 당연하다고 받아들인다. 개인적 명예, 손위 구분, 계급을 이해하는 것이 중요하다. 비즈니스 환경에서는 반드시 흐슈마를 피해야 한다. 외모를 단정하게 유지하는 것도 중요하고, 흐슈마는 타인이 실패 혹은 부적절한 행동을 목격했을 때 발생한다.

무엇을 모르거나 어떤 행동을 취할 수 없다고 인정하는 것이 수치스럽다고 여겨진다. '마쉬 무스킬(문제없어)'이라는 말을 자주 듣게 될 텐데 이는 가감해서 들어야 한다. 이는 자신의 약속을 지킬 수 없기 때문에 당신을 피해 다닐 사람이 할 수 있는 마지막 말일 가능성이 높다. 그렇기 때문에 제3자 앞에서 약속을 확인해야 한다. 친구관계가 형성되었다면 서로 도움을 주고받을 준비가 되어 있어야 한다. 관계의 일부라고 생각하기 때문이다. 공과 사를 구분하지 않는다. 어떤 일이든 해내고 싶다면 관계를 발전시키는 데 시간을 투자하길 바란다.

【 예의 】

겸손함은 항상 높이 평가되는 부분이다. 따라서 사람들을 예의 바르게 대하고 존중해야 한다. 자신의 지위를 감히 말해줄 수 없을 정도로 권력 있고 당신에게 유용한 연줄을 만날 수 있기 때문이다. 한편 누군가의 영향력이나 성과에 대해 자랑하거나 과장하는 것은 안 좋게 여겨진다. 이런 사람을 마주치게 된다면 조심하길 바란다. 권력이나 영향력이 있을수록 자신의 위치에 대해 말하고 다니지 않는 법이다. 조심스럽게 다른 사람들에 대해 물어본다면 중요한 정보를 얻을 수 있을 것이다. 모로코인들은 가십거리를 좋아하고 인맥을 자랑스러워한다.

【 명함 】

명함을 흔히 사용한다. 모로코에서 사업을 하고 싶다면 내용을 프랑스어로 번역하길 권한다. 아랍어 번역까지 있다면 상대방이 존중받는다고 느낄 것이다. 아랍어를 정확하게 구사한다면 사람들은 기뻐할 것이고 사업 혜택이 따를 것이다. 명함을 건넬 때는 번역된 부분이 앞으로 가게 건네길 바란다.

【 비즈니스 선물 】

비즈니스 관계를 구축하기 위해서는 이유가 있든 없든 선물을 교환한다. 여기서 선물을 교환한다는 것이 중요하고 신중해야 한다. 선물 교환에도 주의 사항이 있다. '선물에는 선물'로 대하는 것이 일반적이기 때문에 너무 지나친 선물을 하지 않는 것이 좋으며, 친절함에 대해 보답하지 않는 것은 흐슈마가 된다. 선물은 상대방을 생각하는 마음이다. 예를 들면 공개적으로 누가 입은 옷을 좋다고 한다면 누군가가 당신에게 그 옷 또는 비슷한 선물을 줄 것이다.

북부 사람들에게 남부 사람들이 대추를 준다거나, 중요 회의나 야유회 때 사진을 찍어 액자에 넣어준다거나, 수입품 특히 고향에서 가져온 것 등 작고 정교한 선물이 적절하다. 진심이 담긴 개인적인 유대관계를 나타낼 수 있다면 좋은 비즈니스 선물이 될 것이다. 알코올이 든 선물은 모욕적일 수 있다. 달달한 페이스트리, 대추, 무화과는 식사 초대를 받았을 때 가져가면 좋고 아이들에게 작은 선물을 주는 것도 좋다. 선물은 받은 즉시 열어보지 않기 때문에 상대방이 당신이 건넨 선물을 한쪽으로 치워둔다고 해도 기분 나빠할 필요 없다.

리더십과 결정

모로코에서 업무는 톱다운 방식으로 진행된다. 하지만 임원과
경영자들은 팀으로 구성된 고문들에게 의존하고 믿을 만한 사
람이 회의에 참석하게 한다. 규칙을 지키는 것이 중요하고 계급
규칙에 따라 책임자에 대해 존경을 표해야 한다. 모로코인들은
일반적으로 상사에게 반박하지 않고 그들이 듣고 싶어 하는
말을 한다. 또한 체면을 지키기 위해 책임을 인정하지 않으며
전가하기 때문에 직급이 낮은 직원들이 감당해야 한다. 직원들
은 어떤 입장을 취하거나 의견을 제시하는 데 주저할 것이다.
태도를 취하면 책임을 져야 하고 비난을 받을 수 있기 때문이
다. 일반적으로 책임자가 구체적인 지시 사항을 전달하고 해당
지시 사항과 권위적 제한들을 조심스럽게 따라야 한다. 경계를
넘는 것은 극히 드물며 솔직한 조언을 구하기 어려울 것이다.

실업률이 높지만 젊고 학식 있는 인력을 쉽게 구할 수 있다.
전통적인 비즈니스 환경은 개성을 장려하지 않고 일반적으로
'집단적 사고'를 한다. 하지만 직원들이 의견을 제시하고 정해
진 맥락에서 결정을 내리도록 권장할 수 있고, 그들 또한 그렇
게 하고 싶을 것이다.

회의와 협상

회의는 며칠 전에 날짜를 잡고 그 전날 확인을 받아야 하지만 스케줄을 유연하게 짜는 것이 현명하다. 비즈니스가 효율적으로 진행되지 않는 것이 일반적이다. 어떤 일을 마무리하거나 완수할 때 상대방이 약속에 늦거나, 잊어버리거나, 지연된다는 점을 감안해야 한다. 경험에 의하면 자기 자신은 시간을 준수하되 다른 사람들에 대해서는 유연해야 한다. 상대방이 가족에 대한 이야기와 개인적인 대화를 할 수 있도록 예의상 시간을 마련해주는 것이 좋다. 커피를 마시면서 간단히 하는 회의에서 다른 사람을 소개받거나 연락처를 받을 수 있는데 이 기회를 잘 활용해야 한다. 개인마다 업무를 처리하는 속도가 다르긴 하지만 '즉시 진행해'라는 기저가 강하게 깔려있는 편이다. 이때 행동을 취하지 못하면 기회를 잃을 수도 있다.

[회의]

회의 날짜는 사전에 충분한 시간적 여유를 두고 잡는 것이 좋다. 금요일이나 라마단 기간에는 회의를 잡지 않는 것이 좋다. 문을 열어놓고 회의를 하기 때문에 중간에 누가 들어와 관련 없는 사안에 대해 이야기할 수 있다. 인내심을 가지고 중간에 들어온 사람이 나가기 전까지는 원래 의논하던 사안으로 돌아가려고 하지 않는 것이 좋다. 업무는 일반적으로 프랑스어로 진행하며 통역사가 필요한지 사전에 알아봐야 한다.

자기소개를 할 때 남성은 이름을 대지만, 다른 사람들은 그를 성씨로 부를 것이다. 이름은 성씨부터 빠르게 말하는 편이기 때문에 기본적인 아랍 이름들을 알아두면 좋고 기억하는 데 도움이 될 것이다. 상대방이 다른 방식으로 부르라고 하기 전까지는 격식을 갖춘 호칭을 쓰길 바란다. 시디는 '누구 씨'를 뜻하며 정중한 표현이다.

【 발표와 경청 방식 】

발표는 격식을 갖춰 해야 하며, 들을 때는 경청하는 태도로 임한다. 발표자는 본문을 읽어주며, 질문자는 발표가 끝날 때까지 기다려야 한다. 질문은 완곡하고 예의 바르게 해야 하며 민감한 사안이라면 개인적으로 물어보는 것이 좋다. 시청각 보조물이나 인쇄물은 사람들을 이해시키려는 발표자의 진심과 준비성을 나타낸다. 하지만 자신을 과시하거나 상대방이 열등하다고 느끼게 할 만한 행동을 하지 않도록 주의해야 한다.

결정을 할 때는 충분한 시간을 두고 심사숙고하는 것이 일반적이다. 때로는 해결책을 모색하는 데 있어서 누구도 책임을 지려고 하지 않을 것이다. 일반적으로 혁신적이고 대담한 연설을 선호하지 않는다. 정부 협상은 외교 의례를 준수해야 하고 정치적인 책략과 시간이 필요하다. 관련 공무원들 모두와 상의를 하고 그들의 직책을 고려했는지 확인하기 위해서다. 상대방의 기분이 상하지 않도록 시간을 가지고 인내심을 가져야 한다. 간단한 일도 여러 차례 회의를 거쳐야 할 수 있다. 모로코인들은 보수적이고 장기적인 관계에 관심이 많다는 점을 알아둬야 한다.

【 행간의 의미를 파악하다 】

직접 대면과 비난은 눈살을 찌푸리게 하고 명예를 지키는 일이 중요하다. 동료의 명예를 지키고 그들이 체면을 잃는 일을 하지 않도록 해야 한다. 협상을 할 때 당신이 체면을 잃지 않도록 사람들이 당신의 의견에 거짓으로 동의하는 것을 볼 수 있을 것이다. 새로운 관계나 상관을 대할 때 다른 사람들이 어느 정도로 기여하는지를 보고 당신은 어느 정도로 참여해야 하는지 파악하길 바란다.

금전적인 문제로 협상을 하는 경우 실랑이를 할 준비가 되어 있어야 하며, 처음 가격을 제시할 때 흥정할 여지를 남겨두고 시작해야 한다. 모로코인들은 자신이 제시한 견적에 어느 정도 흥정을 예상하고 있을 것이다. 가격 제시는 논의와 협상이 모두 끝난 다음에 하는 것이다. 모로코인들은 상황 판단이 빠르고 전략적인 협상가이기 때문에 당신을 압박할 수도 있다. 하지만 당신이 압박을 가하는 전략을 쓴다면 오히려 역효과를 낳을 것이다. 가장 계급이 높은 사람이 최종 결정을 하는데, 이는 다른 사람들과 충분한 토의를 거친 후에만 가능하다.

계약

일반적으로 계약 사항을 준수하고 업무를 처리하는 데 상대방과의 사적인 관계가 큰 역할을 한다. 모든 비즈니스 환경에서 그렇듯, 계약이 중요하다. 상대방과 좋은 관계를 유지해야만 계약도 순조롭게 맺을 수 있다. 서로 간의 신뢰가 부족하다면 계약은 유지되지 못할 것이다. 법적 절차가 아주 복잡하기 때문에 합의에 이르기 전에 모로코 법률 전문가와 신중하게 상담을 해야 한다. 계약은 당신과 상대방 사이의 신뢰를 나타내는 징표라고 생각해야 한다. 하지만 월드 뱅크 보고서에 따르면 모로코는 법률의 시행 면에서 좋은 평가를 받고 있다.

여성 관리직

여성 관리직이 증가하고 있지만 아직도 승진은 더딘 편이다. 모로코에서 사업을 하는 서양 여성들은 단정한 옷차림과 진지하고 격식을 갖춘 태도를 가지고 있다면 좋은 대우를 받을 것이다. 남성은 예의를 갖춰 모로코 여성에게 인사를 해야 하며 그녀가 손을 내미는 경우에만 악수를 해야 한다. 격식 있는 호칭(성씨를 붙인 아가씨 혹은 부인)을 사용해야 한다. 지나치게 눈을 마주친다면 무례하고 상스럽게 여겨진다. 자유로운 도시 지역을 제외하고는 여성 동료는 저녁 미팅에 참석하지 않을 확률이 높다. 여성들은 늦게 귀가해서 발생할 수 있는 흐슈마를 피하기 위해 일찍 귀가하는 것을 선호한다.

솔직함과 협력

앞서 이야기했듯이 선한 거짓말로 화합과 존경을 나타내는 경우가 많다. 당신이 원하든 아니든 상사, 화자 혹은 당신의 명예를 보호하기 위해 동원된다. 솔직함의 기준을 조금 낮출 필요도 있다. 직접 화법은 다소 무례하다고 여겨지며 비난이나 의견 불일치는 완곡하게 말하는 게 좋다. 약속은 지킬 수 있을지 없을지 모르지만 체면을 차리거나 당신을 기쁘게 하기 위해 한다. 시간 약속은 지켜지지 않는 경우가 많다. 모로코에서 비즈니스 업무를 하는 경우 예측 불허의 변동을 위해 항상 시간을 여유롭게 관리할 필요가 있다.

모로코인들이 '잘 모르겠다'고 말하는 것을 듣는 것은 흔치 않을 것이다. 체면을 잃을 수도 있기 때문에 완전히 모르겠다고 인정하는 것보다는 그들이 생각할 때 가장 정답에 가깝다고 생각하는 답을 내놓을 것이다. 직접적으로 '아니요'라고 말하는 것도 드문데 그들은 상대방이 기분 나쁘지 않도록 그 주제를 피하거나 바꿀 것이다. 대화가 구체적으로 들어간다면 어려운 상대를 만난 것이다. 대화 주제를 전환하는 데 어려움을 느낄 것이다.

팀워크와 관리

다양한 관습과 계속해서 진화하는 모로코 비즈니스 문화 때문에 시간을 가지고 모로코인들을 면밀하게 관찰하여 그들이 서양 비즈니스 관습을 어디까지 받아들일 수 있는지에 대한 착상을 얻어야 한다. 현지의 규범들을 비난하지 않길 바란다. 직원들은 도전에 선뜻 응하고 가능성을 실현시키고 싶어 하고 그럴 의지가 있다. 타고난 지도자나 혁신적인 사상가들을 찾는 데 주력하는 것이 좋다. 그들의 능력과 재능을 함양하는 것이 조직을 변화시키고 효율성을 높이는 길이다. 위험 허용치를 높이는 것도 역동적인 팀을 만드는 데 도움이 된다. 변화를 거부하는 경향이 있는데 변화를 전략적으로 도입한다면 모로코인들은 굉장히 적응을 잘하는 편이다. 문화적 감수성과 단합 기술 또한 중요하다.

특히 공공장소에서 문제가 발생하면 아무도 책임지려 하지 않을 것이다. 책임을 전가하는 경향이 있고 문제를 해결하는 것보다 책임을 전가하는 데 더 많은 시간을 소비할 것이다.

해외 투자

모로코는 적극적으로 해외 투자자들을 유치하기 위해 노력하고 있다. 또한 국제적으로 승인된 비즈니스 및 회계 관련 관습들을 현대화, 민영화하고 충실히 지키기 위한 계획에 착수했다. 노동법, 상법, 법인법 분야에서 개혁을 추진했다. 해외 투자자들을 위한 정부 차원의 인센티브는 관대한 세금 면제 정책과 투자 지원금에 대한 정보를 제공하는 것을 포함한다.

비록 규정이 복잡하고 사법제도가 일관적이지 못한 부분이 있지만, 규제 환경은 관대한 편이다. 직접 투자는 특별한 허가 없이 자유롭게 양도할 수 있다. 국외로 보내는 투자수익에 대한 제한이 없다. 해외 투자자들은 현지 투자자들과 동등한 권리를 가지고 그들의 투자를 매매하기 위해서 특별한 허가를 얻어야 할 필요도 없다. 자금 이전은 간단하며 외화나 환전 가능한 디르함으로도 할 수 있다. 모든 외국인들은 모로코에서 은행 계좌를 개설할 권리를 가지고 있다.

기업 설립을 통제하는 복잡한 규정들이 있다. 이 규정들을 면밀히 살펴보고 유능한 모로코 기업 법률 전문가와 좋은 관계를 형성해야 할 것이다. 당신의 인맥이 매우 유용하게 쓰일

것이다. 뇌물수수가 이루어지는 경우도 있었지만 더 이상 만연
하지도 권장하지도 않는다.

세법은 투자자에게 유리하고 투명성, 명확성, 간결성을 제
고하기 위해 1984년에 개정되었다. 세금은 법인세, 부가가치
세, 소득세, 주식소득세 등이 있다. 인터넷의 여러 웹사이트는
세율, 규정, 무역 협정, 인센티브 제도에 대한 최신 정보를 제
공한다.

09

의사소통

모로코 공통어는 아랍어의 일종인 마그레브 방언 혹은 간단하게 데리자어라고 한다. 원칙적으로 모든 모로코인은 2학년부터 프랑스어를 배우지만 현실은 농촌에서 베르베르어를 구사하는 많은 현지인이 아랍어를 제2외국어, 프랑스어를 제3외국어로 배우려고 한다는 것이다. 영어는 제3, 제4의 외국어로 빠르게 자리매김하고 있다.

언어

앞서 이야기했듯이 모로코 공통어는 아랍어의 일종인 마그레브 방언 혹은 간단하게 데리자어라고 한다. 원칙적으로 모든 모로코인은 2학년부터 프랑스어를 배우지만 현실은 농촌에서 베르베르어를 구사하는 많은 현지인이 아랍어를 제2외국어, 프랑스어를 제3외국어로 배우려고 한다는 것이다.

　주요 도시에서는 많은 상인 중 특히 카펫을 파는 사람들이 영어를 하는 것을 보고 놀랄 수도 있다. 영어는 제3, 제4의 외국어로 빠르게 자리매김하고 있다. 대부분의 학교에서 영어를 가르치며 정부도 프랑스어 대신 영어를 주 언어로 가르치고 싶은 마음을 내비쳤다. 여러 도시에 영어 교육을 전문으로 하는 사립학교들이 있다. 스페인어는 리프와 지중해 지역에서 사

용되고 쉐프샤우엔 같은 도시에서는 프랑스어보다 더 많이 사용되기도 한다.

인사말

긴 인사말을 하지 않았다면 모로코식 대화는 끝난 게 아니다. 간략하게 몇 가지를 소개해보겠다.

쌀람 알라이쿰 신의 평화가 당신에게 있기를.

와알라이쿰 쌀람 당신에게도 평화가 있기를.

라바스? 라바스 알릭? 라바스는 '문제없다'라는 뜻인데 질문인 경우 '요즘 어때?'를 뜻한다. 라바스 알릭은 구체적으로 개인적인 행복에 대해 물어보는 질문이다.

라바스, 알함두릴라 문제없어, 신께 찬양을.

비하이르? '괜찮아'를 뜻하는데 질문인 경우 '괜찮아?'를 뜻한다.

비하이르 괜찮아[대답].

콜쉬 므지엔? 콜쉬는 '전부'를 뜻한다. 질문인 경우 '전부 괜찮아?'를 뜻한다.

므지엔 좋아[대답].

첫 번째 화자가 두 번째 화자의 가족과 건강에 대해 질문을 계속 던질 것이고, 그다음에 역할이 바뀐다. 이 인사말은 보통 아주 빠르게 하는데, 거리에서 하는 경우 속도를 줄이지 않고도 할 수 있다. 모로코에 거주하는 외국인들은 아랍어를 구사하지 않더라도 이 전통을 곧 따르게 될 것이다. 이에 대한 적절한 대답을 배우는 것이 좋은데, 사람들이 아마도 천천히 가르쳐줄 것이다.

남성 사이에는 일반적으로 악수를 하는데, 친구관계가 형성된 후라면 악수를 하고 왼쪽부터 볼에 키스를 하는 것이 일반적이다. 악수를 한 후 손을 가슴 위로 올리는 것이 관례다. 친한 친구끼리는 네 번 키스를 나눌 것이다. 여성 사이에서도 악수와 키스가 일반적이다.

여성에게 인사하는 남성의 경우 그녀에게 주도권을 줘야 한다. 그녀가 손을 뻗으면 악수를 하고 그렇지 않은 경우에도 기분 나빠할 필요 없다. 그녀는 독실한 사람이거나 신체적 접촉이 그녀에게는 하람일 수 있다. 수염이 난 남성에게 인사하는 여성도 마찬가지다. 당신과 악수를 하지 않는다면 아마도 종교적인 이유 때문일 것이다. 남녀는 정말 친한 사이가 아닌 이상 키스로 인사를 나누지 않는다. 비즈니스 환경에서도 이는 부적절하다.

한 무리의 사람들에 합류하는 경우 오른쪽에 있는 사람부터 악수를 하면 된다. 이때 보통 자기소개도 한다. 사람들이 많은 친목 모임인 경우 간단하게 '쌀람 알라이쿰'이라고 말하고 다른 사람들과 눈을 마주치면 된다. 떠나는 경우 개별적으로 작별 인사를 하는 것을 권한다.

보디랭귀지

모로코인들은 일반적으로 다정하고 접촉하는 것을 좋아한다. 하지만 공공장소에서 접촉은 동성끼리만 가능하다는 것을 유념해야 한다. 동성끼리 인사를 나눌 때 일반적으로 볼에 키스를 하는데, 여성의 경우 서너 번까지 할 수 있다. 물론 젊은 세대는 조금 다르다. 친한 친구인 경우 이성에게도 볼에다 키스를 한다.

남성 간의 악수는 일반적으로 대화가 끝날 때까지 이어진다. 남녀 모두 동성친구들과 손을 잡거나 팔짱을 낀다. 이는 동성애 관계가 아닌 자연스러운 모습이다.

　　다른 아랍 사회에서도 그렇듯 왼손을 주의해야 한다. 왼손으로 개인 위생을 관리하기 때문이다. 모로코인들은 식사를 할 때 오른손만 사용해서 공동 접시에서 개인 접시로 음식을 옮겨 담는다. 개인 접시에 있는 음식은 양손을 사용해서 먹어도 무방하다. 아주 외진 농촌 지역은 예외기 때문에 기다렸다가 다른 사람들이 어떻게 하는지 보길 바란다. 왼손잡이로 태어난 모로코인들은 글씨는 왼손으로 쓰고 다른 모든 것은 오른손으로 배운다.

• 제스처와 금기 사항 •

해야 하는 것

- 고개를 끄덕이면 '네' 흔들면 '아니요' 혹은 '잘 모르겠다'를 뜻한다.

- 어깨를 으쓱하면 '내가 어떻게 하면 될까요?'의 느낌을 전달한다.

- 목이 마르거나 물을 원하면, 엄지손가락을 쭉 뻗어 입술에 갖다 댈 것이다.

- 악수를 한 후 모로코인들은 오른손을 잠시 가슴 위에 얹을 것이다.

- 집게손가락 2개를 나란히 놓는다면 키프키프 혹은 '똑같다'를 나타내며 친구나 연인을 나타낼 수도 있다.

- 한 손가락으로 아래 눈꺼풀을 당기면 흐슈마(수치심)를 나타낸다.

- '이쪽으로 와'를 나타내려면 손가락 1개보다 손 전체를 사용한다.

- 머리 혹은 귀 근처에서 손을 흔들면 '정상이 아닌'을 뜻하며, 보통 다른 사람을 일컫는다.

하지 말아야 하는 것

- 누군가에게 가운데손가락을 들거나 내리면 음란한 제스처다.

- 엄지와 집게로 원을 만들면 다른 나라에서는 '좋아'를 나타내지만 모로코에선 '0' 혹은 '나쁘다'를 뜻한다.

대화 주제

대화 주제로 삼지 않으면 좋은 것들이 여럿 있다. 왕 또는 왕족을 향한 비난, 이스라엘-팔레스타인 분쟁, 서사하라 분쟁 지역과 성적인 이야기 등이다.

금기시되지 않으며 흥미롭고 긴 토론을 불러올 수 있는 주제로는 이민, 인재 유출, 모로코의 교육제도와 이슬람교 관련 특정 주제(예를 들면, 프랑스 해안에서 니캅 착용을 금지하는 내용) 등이 있는데, 단 모로코인 입장에 공감하듯 이야기해야 한다. 한 사람에 대한 사적인 이야기를 하지 않도록 조심해야 한다.

마지막으로 일반적으로 대화하기 좋은 주제로는 음악, 텔레비전, 오락, 여행, 다양한 경험, 이슬람교에 대한 생각 등이 있다.

서비스

〔전화〕

일반 전화는 비싸고 설치하기가 어렵기 때문에 모로코에서 흔히 사용하지 않는다. 휴대폰은 공중전화처럼 저렴한 편이고 어디서든 쉽게 이용할 수 있다. 휴대폰 통신사는 메디텔, 마로크 텔레콤(IAM이라고도 불린다), 인위 등 3개가 있고 어디가 가장 좋은지는 의견이 갈린다. 다른 통신사 간 통화료는 더 비싸고 같은 통신사를 사용한다면 조금 더 저렴하다. 1개월용 사용료를 낼 수 있지만 대부분의 사람은 선불카드를 쓴다. 선불카드는 10~2,500디르함 등 다양하며 타박이나 하누트에서 구매할 수 있다. 카드를 활성화하려면 전화 또는 문자를 통해 코드를 전송해야 한다. 2가지 방법 모두 카드 뒤편에 상세히 나와 있다. 모로코 휴대폰은 모두 세계 무선통신 시스템에 기반하며 어디서든 잘 통한다. 해외에서 구매한 휴대폰도 모로코에서 잘된다.

공중전화는 현대적이고 전화기 앞쪽에 투입하는 선불카드가 필요하다. 다양한 가격에 구매할 수 있고 국내 혹은 국제 전화용 중 고르면 된다. 국제 전화를 거는 경우 휴대폰보다 선불카드를 사용하는 것이 일반적으로 더 저렴하다.

마지막 옵션은 언젠가 한 번은 사용하게 될 텔레부티크다. 이런 '전화 사무소'들은 동전으로 작동되는 전화를 제공해주고 안내원이 잔액을 거슬러주거나 전화 거는 것을 도와준다.

휴대폰을 사용하는 것보다 텔레부티크에서 전화를 하는 것이 더 저렴하다. 많은 모로코인이 사용하며 휴대폰은 전화를 수신할 때만 사용한다(무료이기 때문이다).

중요 전화번호	전화 교환원은 아랍어 또는 프랑스어로 응답할 것이다
앰뷸런스	15
경찰서	19
젠다메리(지방경찰서)	177
소방서	16
전화번호 안내	160

【 인터넷 】

모든 도시와 작은 마을에서 인터넷 카페를 이용할 수 있다. 임시 사용자 이용 가격도 저렴하지만 안내원에게 선불카드를 신청하면 더 저렴하게 이용할 수 있다. 집에서 인터넷을 사용하고 싶은 사람들은 ADSL 및 3G가 여러 지역에 제공되며 상대적으로 저렴한 편이다.

모로코인들은 컴퓨터 사용에 능하다. 이는 장점이자 단점이 될 수 있다. 사이버 카페를 이용하는 경우 검색 기록을 삭제하고 온라인 주문을 하는 경우 신용카드 사용에 주의해야 한다. 해커들이 아주 많기 때문이다.

【우편】

모로코에서 우편을 보내는 것은 상대적으로 쉽고 믿을 수 있다. 하지만 우편을 받는 것은 꼭 그렇지 않다. 소포가 라바트 혹은 카사블랑카 세관에 걸려 수신자가 소포를 받으러 직접 가야 하는 경우가 많다.

모로코에서 소포를 보내는 경우, 당신은 알보스타 혹은 프랑스어로 라 포스트라는 곳을 방문해야 한다. 이곳에서 서류 작성에 필요한 우표나 세관 우표를 구매하고, 서신을 보내고, 전보를 칠 수 있다.

모로코 도시 내의 일반적인 주소는 다음과 같이 쓴다.

Lamiae El Aichaoui

Bis Rue Zekkat, Appartement 12

3ème étage, Ville Nouvelle

Meknès, Maroc 50000

농촌 지역 주소는 덜 형식화되어 있고 '사원 뒤', '정육점 옆' 등 재미있는 문구를 포함한다.

언론 매체

【 텔레비전 】

메디나를 거닐다 보면 정말 가난한 동네에도 위성 안테나가 설치되어 있는 것을 볼 수 있다. 텔레비전, 위성 안테나, 해독기가 비싸다고 생각할 수 있지만 일시불로 비용을 지불하면 즐길 수 있는 것이 굉장히 많다. 텔레비전은 소식통인 동시에 위성 방송사에 대한 검열을 전혀 받지 않는다(성인 채널의 개수를 보면 알 수 있다).

국영방송이 2개, 다양한 언어로 방송되는 해외 방송들이 수백 개다. 위성방송은 중동, 유럽, 미국에서 음악 채널만 적어도 7개, CNN, BBC 월드와 디즈니 채널 등 적어도 10개 이상의 영어 채널을 방영한다.

【 라디오 】

음악과 뉴스를 제공하는 라디오 방송사도 여럿 있다. 모로코 방송사는 AM과 FM 둘 다 제공되며 모로코 음악, 이집트의 아랍 대중가요, 서양 대중가요를 틀어준다. 프랑스어, 아랍어, 베르베르어로 제공되는 뉴스가 있다. 단파 혹은 장파 방송용 라디오로 BBC 월드 서비스 같은 해외 방송사의 방송도 들을 수 있다.

【 인쇄 매체 】

아랍어와 프랑스어 신문은 쉽게 구할 수 있고 가격도 저렴하다. 하지만 영어로 된 신문이나 잡지는 찾기 힘든 편이다. 〈타임〉, 〈이코노미스트〉, 〈인터내셔널 헤럴드 트리뷴〉(스페인 일간지 〈엘 파이스〉의 영문판을 삽입한 것)은 찾기 쉽고 〈데일리 미러〉도 가끔 볼 수 있다. 인테리어 디자인부터 요가까지 다양한 주제를 다룬 프랑스 고급 잡지도 많다.

영어로 발행되는 현지 인쇄물은 없지만 〈모로코 타임즈〉(http://themoroccantimes.com/)와 〈모로코 월드 뉴스〉(https://www.moroccoworldnews.com/) 등 모로코 소식만 전하는 온라인 발행 매체가 있다.

결론

모로코처럼 단기간에 변화를 겪은 사회도 거의 없다. 지난 수백 년간 모로코는 식민 제국의 흥망성쇠, 독립 그리고 통치 체제의 큰 변화를 경험했다.

이러한 많은 변화로 모로코의 발전은 지연되기도 했다. 예를 들면 실업률이 20%에 육박하는 상황에서 학식 있는 모로코인들이 해외로 나가 '인재 유출'로 이어졌고 도시의 빈곤층 사이에서 이슬람교의 근본주의적 해석이 힘을 얻고 있다. 그래도 기술이 보급되고 세계가 점점 작아져 모로코는 진가를 인정받고 있다.

모로코의 마법은 수많은 외국인을 매혹시켰다. 무엣진의 소리가 세계 각지의 사람들을 불러 모아 모로코 문화를 직접 체험할 수 있게 한다. 이디스 워튼은 자신의 책 『모로코에서』에서 "모로코에서 한 발짝 내디딜 때마다 꿈같은 기분이 나를 감싼다"고 썼다. 오늘날 모로코는 워튼이 경험했던 20세기 초의 모로코와 사뭇 다르지만 대부분의 외국인은 그 '꿈같은 기분'이 뭔지 알게 되고 고개를 끄덕일 것이다.

모로코는 알아가기 쉬운 나라는 아니다. 경험해보지 못한 사람들 입장에서는 절차들이 머리를 아프게 할 것이고 언어를 배우는 것도 불가능해 보이고 모로코인을 알아갈수록 당황스러운 순간들이 계속될 것이다. 하지만 당신이 이를 받아들이고 순리를 따른다면 모로코에서만 경험할 수 있는 그들의 친절함, 호기심, 다정함을 발견하게 될 것이다. 마음의 문을 열어두면 모로코도 당신을 받아들일 것이다.

참 고 문 헌

Abouzeid, Leila. *Year of the Elephant: A Moroccan Woman's Journey Toward Independence.* Austin, Tex.: Center for Middle Eastern Studies, University of Austin, 1989.

Bacon, Dan, et al. *Lonely Planet Moroccan Phrasebook and Dictionary.* Melbourne/Franklin, Tennessee/London/Beijing/Delhi: Lonely Planet, 2014.

Bennani-Smirès, Latifa. *Moroccan Cooking.* Casablanca: Société d'Edition et de Diffusion Al Madariss, 2005.

Bentahila, Abdelali. *Language Attitudes Among Arabic–French Bilinguals in Morocco.* New York: Henry Holt & Co., 1983.

Bowles, Paul. *Their Heads Are Green and Their Hands Are Blue.* New York: Ecco Press, 1994.

Clammer, Paul, et al. *Lonely Planet Morocco.* Melbourne/Franklin, Tennessee/London/Beijing/Delhi: Lonely Planet, 2017.

Harrell, Richard S., et al. *A Basic Course in Moroccan Arabic.* Washington, D.C.: Georgetown University Press, 2003.

Hibbard, Allen. *Paul Bowles, Magic and Morocco.* San Francisco: Cadmus Editions, 2004.

Kerper, Barrie. *Morocco: The Collected Traveler: An Inspired Anthology & Travel Resource.* New York: Fodor's, 2001.

Mayne, Peter. *A Year in Marrakesh.* New York: Hippocrene Books, 1982.

Mernissi, Fatima. *Beyond the Veil.* Bloomington, Ind.: Indiana University Press, 1985.

—————. *Dreams of Trespass: Tales of a Harem Girlhood.* Cambridge, Mass.: Perseus Books, 1994.

Pennell, C. R. *Morocco Since 1830: A History.* New York: New York University Press, 2001.

Waterbury, John. *The Commander of the Faithful.* New York: Columbia University Press, 1970.

Complete Arabic: The Basics. New York: Living Language, 2008.